股市有风险　入市需谨慎

# 股市技术

# 分析指南

## （第二版）

黄凤祁 编著

经济管理出版社

ECONOMY & MANAGEMENT PUBLISHING HOUSE

**图书在版编目（CIP）数据**

股市技术分析指南/黄凤祁编著. —2 版. —北京：经济管理出版社，2015.11
ISBN 978-7-5096-4003-6

Ⅰ．①股…　Ⅱ．①黄…　Ⅲ．①股票交易—指南　Ⅳ.①F830.91-62

中国版本图书馆 CIP 数据核字（2015）第 244900 号


组稿编辑：勇　生
责任编辑：勇　生　王格格
责任印制：杨国强
责任校对：李玉敏

出版发行：经济管理出版社
　　　　　（北京市海淀区北蜂窝 8 号中雅大厦 A 座 11 层　100038）
网　　址：www. E-mp. com. cn
电　　话：(010) 51915602
印　　刷：三河市延风印装有限公司
经　　销：新华书店
开　　本：720mm×1000mm/16
印　　张：16.5
字　　数：259 千字
版　　次：2016 年 3 月第 2 版　2016 年 3 月第 1 次印刷
书　　号：ISBN 978-7-5096-4003-6
定　　价：38.00 元

# 前 言

基本面分析方法无助于我们把握买股时机与卖股时机，利用基本面分析方法，我们是难以成功开展低买高卖交易的。炒股要讲究技术分析，这是我们在股市中获利的根本之道。投资者在进入股市后，面对着林林总总的各种技术分析方法，往往无从着手，难以真正有效地掌握技术分析之道，这些形成了投资者实现股市获利的巨大障碍。如何扫清这些障碍、快速掌握技术分析之道，并进阶为成功的交易者呢？带着这些问题，本书将展开详细的讲解。

技术分析其实并不难，难就难在没有好的入门方法、没有好的实战技巧。这些正是本书将要讲解的内容，本书由浅入深、由原理到实战、由短线操作到捕捉黑马，以投资者入市后的学习路线、操盘路线为线索，对于技术分析的各个环节、各个要点、各种诀窍，展开了全面而深入的论述。

在第一章中，我们讲解了技术分析的入门知识，这部分内容将为读者创造一个学习技术分析的良好背景，并帮助读者快速进入到股市技术分析领域。在第二章中，我们深入到技术分析领域中的核心——趋势，论述了趋势的形成原理、种类，并结合移动平均线、趋势线、周K线等实用工具，力求帮助读者在理解原理的基础上，全面掌握趋势分析技术，从而为随后的技术分析之旅打下良好的基础。在第三章中，我们讲解不同类型个股的涨跌特点，只有更好地了解了个股的特性，我们才能在"同中求异、异中求同"的分析理念下更好地把握个股走势、更完善地掌握技术分析之道。第四章至第七章是全书的核心内容，技术分析往往也被称为图表分析，而图表即形态，由此可见形态的重要性。在这四章中，我们全面论述了各种经典形态，有短线意义上的看涨、看跌形态，也有中长线意义上的反转形态，这些内容将帮助读者真正掌握技术分析方法下的买卖之道。在技术分析中，成交量是仅次于形态的第二要素，掌握好成交量的变化，才能真正体悟技术分析的精髓。在第八章中，我们结合主力控盘的角度，讲解各种异动的量能形态。在第九章中，我们则从看盘的角度出发，讲解短线看盘时的盘口分析方法，这部分内容可以大大提升读者的短线操盘能力。在第十章中，我们转换角度，将技术分析与热点题材相结合，这是股市中两大分析方法的"双剑合璧"，其功用就是捕捉翻倍黑马，这也是投资者在掌握技术分析之道后，助其再度提升功力的一章内容。

综合来看，本书是以"趋势、形态、成交量、盘口、题材"这五个角度来论述技术分析之道的，每一个角度我们都做了深入的分析，在此基础上，读者再学习其他技术分析内容，如技术指标、筹码分布等内容时，就会显得从容自如了。

# 目　录

**第一章　芝麻开门，开始技术分析之旅** ································· 1

第一节　什么是基本面分析法 ······································· 1

一、什么是基本面分析法 ········································· 2

二、值得关注的基本面要素——宏观经济 ······················· 2

三、值得关注的基本面要素——行业发展前景 ··················· 5

四、值得关注的基本面要素——企业基本面情况 ················· 5

五、净资产收益率与企业盈利能力 ······························· 6

六、市盈率与高估低估 ··········································· 7

七、小结 ······················································· 7

第二节　什么是技术分析方法 ······································· 8

一、什么是技术分析方法 ········································· 8

二、技术分析的妙用 ············································· 9

三、技术分析方法的前提假设 ····································· 10

第三节　各种技术分析方法概述 ····································· 12

一、经典技术分析理论 ··········································· 12

二、趋势分析法 ················································· 13

三、K 线形态分析法 ············································· 13

四、成交量分析法 ··············································· 14

五、主力行为分析法 ············································· 14

六、筹码分布分析法 ············································· 15

七、盘口实时分析法 ············································· 16

八、技术指标分析法 ············································· 16

第四节　技术分析方法下的买卖方式 …………………… 17

　　一、做多机制与做空机制 ……………………………… 17

　　二、做大行情或做小波段 ……………………………… 18

　　三、高进更高出的中线交易 …………………………… 19

　　四、低进高出的中线交易 ……………………………… 20

　　五、低吸高抛的波段交易 ……………………………… 22

　　六、低出的交易方式 …………………………………… 26

第二章　洞悉趋势，深入技术分析核心 ………………… 29

　第一节　道氏理论，理解趋势要义 ……………………… 29

　　一、道氏理论的起源 …………………………………… 30

　　二、道氏理论的六大核心原则 ………………………… 30

　　三、道氏理论的不完备处 ……………………………… 37

　第二节　波浪理论，把握趋势的运行过程 ……………… 38

　　一、什么是波浪理论 …………………………………… 38

　　二、波浪理论的四大要点 ……………………………… 39

　　三、八浪循环过程 ……………………………………… 40

　　四、四条数浪原则 ……………………………………… 43

　　五、波浪理论的不完备处 ……………………………… 44

　第三节　趋势线——在支撑与阻力中识别趋势 ………… 45

　　一、什么是趋势线 ……………………………………… 45

　　二、上升趋势线的用法 ………………………………… 47

　　三、下降趋势线的用法 ………………………………… 52

　第四节　均线——关注市场平均持仓成本的变化 ……… 54

　　一、什么是移动平均线 ………………………………… 55

　　二、辨识上升趋势 ……………………………………… 56

　　三、把握升势见顶 ……………………………………… 57

　　四、辨识下跌趋势 ……………………………………… 58

　　五、把握跌势见底 ……………………………………… 60

　　六、均线下的波段操作 ………………………………… 61

第五节 趋势演变过程中的量能变化规律 ·················· 65

    一、底部区的量能特征 ·································· 65

    二、上升途中的量能特征 ······························ 66

    三、见顶前的量能特征 ································ 66

    四、顶部区的量能特征 ································ 68

    五、下跌途中的量能特征 ···························· 68

第六节 周 K 线——识别趋势的偏门绝招 ················ 69

    一、K 线的构成方式 ·································· 70

    二、什么是周 K 线 ·································· 71

    三、用周 K 线识别升势 ······························ 72

    四、顶部区的周 K 线形态 ···························· 72

    五、用周 K 线识别跌势 ······························ 73

    六、底部区的周 K 线形态 ···························· 74

第三章 个股不同，涨跌方式不同 ························ 77

第一节 在技术分析视角下把握个股类型 ················ 77

    一、如何对个股进行分类 ···························· 78

    二、大盘股与中小盘股 ······························ 78

    三、区域股与行业股（板块划分法） ················ 81

    四、蓝筹股、成长股、垃圾股 ······················ 81

    五、题材股与冷门股 ································ 85

    六、肉股与黑马股 ·································· 88

    七、庄股与散户股 ·································· 89

第二节 蓝筹行情与题材行情 ·························· 91

    一、蓝筹行情的演绎 ································ 92

    二、题材行情的演绎 ································ 92

第三节 新股行情 ································ 94

    一、什么是新股 ···································· 94

    二、如何把握新股上市后的走势 ···················· 95

第四节 主力市场行为解读 ···························· 100

一、主力控盘的过程 ……………………………………… 100

二、主力操盘的手法 ……………………………………… 113

三、从局部形态分析主力行为 …………………………… 115

四、从趋势运行把握主力动向 …………………………… 117

第五节 什么是板块效应 …………………………………… 117

一、什么是板块联动效应 ………………………………… 118

二、利用板块联动实施套利 ……………………………… 118

第四章 统筹兼顾，综合解读 K 线形态 ………………… 121

第一节 为何要关注形态 …………………………………… 121

第二节 如何解读单根 K 线 ……………………………… 122

一、单根 K 线的构成 …………………………………… 123

二、实体与影线的市场含义 ……………………………… 123

第三节 如何解读两根 K 线 ……………………………… 124

一、单根 K 线的多空区域划分方法 …………………… 124

二、两根 K 线的位置关系与市场含义 ………………… 125

第四节 关注形态时的注意要素 …………………………… 126

一、关注个股前期走势情况 ……………………………… 127

二、关注 K 线组合方式 ………………………………… 128

三、关注量能变化情况 …………………………………… 128

四、结合不同周期运用 K 线 …………………………… 130

第五章 买在低点，短线看涨形态 ……………………… 131

第一节 长下影线 …………………………………………… 131

第二节 出水芙蓉 …………………………………………… 133

第三节 看涨抱线 …………………………………………… 134

第四节 阳孕线 ……………………………………………… 136

第五节 多方炮 ……………………………………………… 138

第六节 双针探底 …………………………………………… 139

第七节 高开跃升线 ………………………………………… 141

第八节　涨停突破线 ……………………………………… 143

第九节　红三兵 …………………………………………… 146

第十节　突破缺口 ………………………………………… 147

## 第六章　卖在高点，短线看跌形态 …………………… 151

第一节　长上影线 ………………………………………… 151

第二节　断头铡刀 ………………………………………… 153

第三节　螺旋桨 …………………………………………… 154

第四节　看跌抱线 ………………………………………… 155

第五节　阴孕线 …………………………………………… 157

第六节　空方炮 …………………………………………… 159

第七节　双针探顶 ………………………………………… 161

第八节　乌云盖顶 ………………………………………… 162

第九节　低开下跳线 ……………………………………… 164

第十节　跌停破位线 ……………………………………… 166

第十一节　黑三鸦 ………………………………………… 169

第十二节　破位缺口 ……………………………………… 171

## 第七章　逃顶抄底，把握市场转向 …………………… 173

第一节　双重顶 …………………………………………… 173

第二节　双重底 …………………………………………… 175

第三节　圆弧顶 …………………………………………… 176

第四节　圆弧底 …………………………………………… 177

第五节　头肩顶 …………………………………………… 179

第六节　头肩底 …………………………………………… 181

第七节　尖顶 ……………………………………………… 182

第八节　V 形底 …………………………………………… 183

## 第八章　量在价先，走在市场的前面 ………………… 185

第一节　多角度审视成交量 ……………………………… 185

一、成交量是上涨的动力 ·········································· 186

二、成交量体现了多空交锋力度 ··································· 186

三、成交量体现了主力行为 ········································ 187

第二节　温和式的放量形态 ········································· 189

一、底部区的温和式放量形态 ······································ 189

二、上升途中的温和式放量形态 ···································· 191

第三节　脉冲式的放量形态 ········································· 193

一、什么是脉冲式放量 ············································ 193

二、上升途中的脉冲式放量 ········································ 195

三、盘整高点处的脉冲式放量 ······································ 196

四、下跌途中的脉冲式放量 ········································ 196

五、反弹走势中的脉冲式放量 ······································ 198

第四节　连续大幅放量的堆量形态 ·································· 199

一、低位区的堆量反转 ············································ 199

二、拔高走势中的短期堆量 ········································ 201

第五节　把握放量与缩量的变化 ····································· 202

第九章　直击盘口，把握短期内的多空转势 ······················· 205

第一节　盘口实时工具指南 ········································· 205

一、涨幅排行榜 ·················································· 206

二、量比 ························································ 207

三、委比 ························································ 207

四、内外盘 ······················································ 208

五、换手率 ······················································ 209

六、委托单 ······················································ 209

七、综合排名窗口 ················································ 210

第二节　解读大盘指数分时图 ······································· 211

一、看懂大盘指数分时图 ·········································· 211

二、综合指数与领先指数的分化 ···································· 213

第三节　强势股的分时线形态与买点 ································ 215

一、强势股的分时图特点 ……………………………… 216

二、强势股的盘中买点 ………………………………… 218

第四节　弱势股的分时线形态与卖点 ……………… 220

一、弱势股的分时图特点 ……………………………… 220

二、弱势股的盘中卖点 ………………………………… 224

**第十章　追踪黑马，技术分析与题材共振** …………… 227

第一节　如何出击题材中的龙头股 ………………… 227

一、从消息面发现涨停异动股 ……………………… 228

二、个股的股本大小 …………………………………… 229

三、封涨停板的时间及形态 ………………………… 229

四、前期 K 线走势 …………………………………… 231

五、是否有重大隐藏题材 …………………………… 231

第二节　从公布高送转方案的个股中把握题材行情 … 233

一、什么是高送转 …………………………………… 233

二、高送转题材为何受青睐 ………………………… 234

三、哪些个股更具有高送转潜力 …………………… 237

四、如何操作高送转股 ……………………………… 238

第三节　从政策性利好消息中把握题材行情 ……… 239

一、政策性利好消息的种类 ………………………… 240

二、大盘类政策利好消息解读 ……………………… 240

三、区域性政策利好消息实战 ……………………… 241

四、行业性政策利好消息实战 ……………………… 243

第四节　从庆典活动中把握题材行情 ……………… 245

一、庆典活动题材有哪些 …………………………… 245

二、庆典活动题材实战 ……………………………… 245

第五节　从疾病疫情中把握题材行情 ……………… 247

# 第一章 芝麻开门，开始技术分析之旅

预测价格走势的方法多种多样，但是却可以统分为两种：一种是技术分析方法；另一种是基本面分析方法。比较而言，技术分析方法只从市场交投行为着手，更便于掌握，而且在指导操作中也更实用、更适用于研判个股及市场的中短期走势；而基本面分析方法由于脱离了股市交投行为本身且过于侧重于企业及经济的基本面状况，因此对于分析价格走势，特别是中短期的走势作用较小。本章中，我们将在概述基本面分析法的前提下，来看看何为技术分析法，技术分析方法都有哪些门类。

## 第一节 什么是基本面分析法

● **本节要点**

1. 基本面分析方法

2. 值得关注的基本面要素

3. 净资产收益率与企业盈利能力

4. 市盈率与高估低估

● **节前概述**

基本面分析法以证券的内在价值为依据（注：股票是证券的一个种类），遵循经济学基本原理"价格围绕价值波动"、"价格最终向价值回归"，在股市中，一般来说，个股的基本面并不会直接决定着我们的买卖操作，但投资者在进行买股卖股时，往往会关注一下上市公司的基本面情况，因为这可以使我们的买卖操作更为稳妥。

## 一、什么是基本面分析法

基本面分析法 ➡ 也称为基本分析法，是指对宏观经济、行业前景、企业价值等决定着股票内在价值的基本因素进行分析，以此来分析股票的价值、衡量股价高低的分析方法。其中，企业的内在价值是基本面分析中的核心要素。

**小提示**

在基本面分析方法中，股票的"内在价值"是一个关键的概念，一些投资者简单地将股票的内在价值与上市公司的基本面情况等同起来，这有失全面。再好的企业若生不逢时也是难以发展的，再好的企业若身处夕阳行业中也是没有什么前景的。其实，决定股票内在价值的因素很多，如宏观经济的走向、行业发展的前景、企业的经营生产情况、企业的管理能力等，下面我们就来看在展开基本面分析时，我们应关注哪些要素。

## 二、值得关注的基本面要素——宏观经济

值得关注的基本面要素主要有宏观经济走势、行业发展前景、企业基本面情况，下面我们就来逐一看看这些基本面要素。

### 1. 宏观经济运行周期

"股市是经济变化的晴雨表"，股市反映着宏观经济的运行情况、宏观经济的运行反过来也制约着股市，宏观经济的运行有其自身的规律，这就是经济周期，了解宏观经济的运行周期，对于我们从宏观角度审视股市的长期发展脉络至关重要。

经济周期 ➡ 也称为商业周期，它是指经济发展过程中出现的"经济活动扩张—经济活动收缩"交替出现的循环过程，一个完全的经济周期可以统分为两个阶段：扩张阶段、收缩阶段；或是细分为四个阶段：复苏、繁荣、衰退、萧条。

经济的扩张阶段对应于复苏与繁荣这两个小阶段。在经济扩张阶段，市场处于供求两旺的状态，此时，企业的发展环境良好，市场需求旺盛、订货饱满、商品畅销，企业处于宽松有利的氛围之中，只要企业有优势、有竞争力，就可以获得良好的发展机遇、实现丰厚的利润。在经济扩张阶段，如果股市的走势较为稳健，一般来说会以缓步攀升的走势为主基调，但也排除股市在此期间因多方力量积累充分而出现暴涨走势，随后又因估值过高而出现暴跌走势，毕竟，股市的运行与经济的发展趋向并不同步。

经济收缩阶段对应于衰退与萧条这两个小阶段。在经济收缩阶段，市场处于紧缩状态，此时，市场需求疲软、订货不足、商品滞销，企业的生存发展环境较差，除了具有垄断优势的大企业尚可以维持一定的利润外，大量的中小企业多因优势不明显、竞争能力较差而退出市场。在经济收缩阶段，股市往往也会处于长期的低迷状态，此时，市场交投较为清淡、个股估值状态偏低，但值得注意的是，在经济有好转倾向时，股市往往会提前上涨，这是股市预示期较强的反映。

2. 宏观经济指标

如果说"经济周期"只是经济宏观运行过程、运行规律的一种反映，那么，经济指标则是帮助我们实实在在辨认出当前经济运行情况的数字。

经济指标是指反映一定社会经济现象数量方面的数值，是将经济情况以量化的数字形式表现出来，针对不同的经济对象可以用不同的经济指标来反映，有的经济指标反映国民整体，有的经济指标则侧重于局部情况。

在各式各样的经济指标中，我们可以重点关注国内生产总值（GDP）、消费者物价指数（CPI）、银行利率、存款准备金率这四个指标。

GDP 是指一个国家或地区在一定时期内运用生产要素所生产的全部最终产品（物品和劳务）的市场价值总量，在宏观经济分析中占有重要地位。

GDP 指标在宏观经济分析中占有重要地位，GDP 能保持较高的增长速度则说明经济总量在不断变大，这是经济加速发展的标志，而且，持续高速增长的 GDP 也是催生大牛市的导火索。图 1-1 为 2003~2007 年我国的 GDP 走势图，可以看到，GDP 保持了高速增长态势，正是在这一环境下，才催生出了 2006~2007 年的大牛市行情。

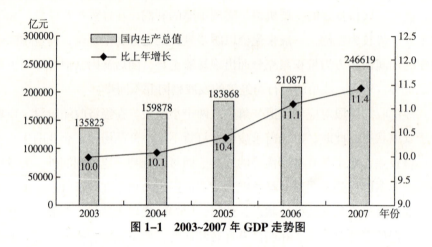

图 1-1　2003~2007 年 GDP 走势图

CPI 是反映与居民生活有关的商品及劳务价格统计出来的物价变动指标，CPI 可以反映出通货膨胀情况，当 CPI>3% 的增幅时，就是通货膨胀；而当 CPI>5% 的增幅时，就是严重的通货膨胀。

过高的 CPI 将使我们手中货币的购买力降低，我们可以举一个例子来看看通胀是如何蚕食我们手中的货币的。例如：当年的通胀率达到了 5%，则意味着我们手中的 100 元在年末时只能购买年初 95 元的物品。经济学认为 1%~3% 的 CPI 涨幅有利于经济发展，CPI 增幅过小，说明市场的购买力较低，这是通缩的表现，不利于企业发展，也不利于经济发展，过大的 CPI 增幅则会造成经济发展不稳定。

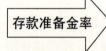

**银行利率**　　也称为利息率。表示一定时期内利息量与本金的比率，通常用百分比表示。

**存款准备金率**　　存款准备金是指金融机构为保证客户提取存款和资金清算需要而准备的在中央银行的款项，中央银行要求的存款准备金占其存款总额的比例就是存款准备金率。

现在，各国都把利率和存款准备金率作为宏观经济调控的重要工具，当经济过热、通货膨胀上升时，便提高利率、收紧信贷；当过热的经济和通货膨胀得到控制时，便会把利率适当地调低。股市是由资金驱动的，当利率升高、存款准备金率上调时，就会使更多的钱流入银行、流出股市；反之，当利率下降、存款准备金率也下调时，股市的资金面就会更宽裕。因此透过利率及准备金率的变化趋势，我们可以大致明确股市的中长期发展方向。但由于利率及存款准备金率只是一种微调工具，因此一两次的小幅调整往往只具有心理层面的影响，并不会产生实质影响，但"量的积累会产生质的飞跃"，我们更需关注利率不断上调或下调这种趋势。

### 三、值得关注的基本面要素——行业发展前景

同处一个经济环境下，各国因当前所处的经济发展时期不同，往往会各有侧重，从而重点扶持一些行业、抑制另一些行业，例如，在我国经济发展初期，更侧重于基础工业（如钢铁、煤炭、有色金属等），而现在基于环保及生产能力的提高，则更侧重于高新技术、新能源、生物医药等技术含量相对较高的前沿产业。

对于那些国家重点扶持的行业，隶属于这些行业中的上市公司往往就会从中受益良多，无论是从税负还是从国家的贷款政策上，都会有所受益，而且，这些行业的市场前景也是极为广阔的，这些都不是那些处于已经过气的夕阳行业中的上市公司所能比拟的。

### 四、值得关注的基本面要素——企业基本面情况

"天时、地利、人和"是制胜的三大法宝，如果说"宏观经济走向"与"行业发展前景"可以看做是"天时"的话，那么，企业自身的发展潜力、竞争能力等关乎企业的基本面情况则代表着"地利"与"人和"。

在关注企业的基本面情况时，我们可以从三方面着手，一是看企业是否在同行业内有较强的优势、较强的竞争力，这可以从企业所取得的业绩、创造的利润等具体数字着手；二是看企业的远景规划是否明确，好的远景规划是保证企业高速成长的重要前提；三是看企业是否拥有独特的垄断性资源，这种垄断性资源既可以是技术上的，也可以是稀有矿产、金属等独特矿产

资源。

## 五、净资产收益率与企业盈利能力

好的企业可以实现更快的发展,对于基本面分析者来说,如何具体地衡量一个上市公司是否保持了较快的增长速度才是核心,此时,我们可以利用净资产收益率这个指标。

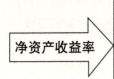

净资产收益率也称为股东权益收益率,是将企业所创造的税后利润除以净资产得到的百分比率,该指标可以用来衡量公司运用自有资本的效率,反映股东权益的收益水平,是评价企业获利能力的一个重要财务比率。

例如:贵州茅台拥有非常高的净资产收益率,在酿酒行业一直处于领先的位置,而且呈现非常好的逐年提高的走势,贵州茅台上市满 10 年,年平均净资产收益率在 20% 以上,这说明公司保持了高速的增长,而股价从长期的角度来看是要与公司基本面相挂钩的,这一点我们可以从贵州茅台近些年来的走势得到验证。图 1-2 为贵州茅台(600519)2002 年 12 月至 2010 年 12 月期间复权后的走势图,其累计涨幅达到了 30 多倍。

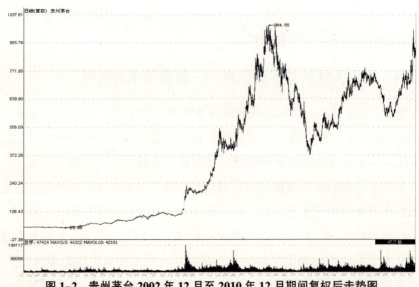

图 1-2  贵州茅台 2002 年 12 月至 2010 年 12 月期间复权后走势图

## 六、市盈率与高估低估

净资产收益率虽然有助于我们看清上市公司的盈利能力是否在逐步增强，但却并没有直接涉及二级市场中的股市，上市公司即使盈利能力很强，但若股价过高，中短期内也是不宜买入的，此时的个股是处于明显的高估状态的；通过市盈率这个指标，我们可以将股价与基本面结合起来，看看个股当前是处于高估状态，还是处于低估状态。

**市盈率** ➡ 市盈率是股票的价格和每股收益的比例，每股收益可以用上一年度的数值为标准，这称为静态市盈率；每股收益也可以用预测的本年度收益或下一年度收益为标准，这称为动态市盈率。

静态市盈率无法实时地反映出企业的变化情况，动态市盈率的随意性往往又较大，在实际分析中，如果企业无重大事件发生（如重大的资产注入、股权投资等），其经营情况一般来说会较为连续，此时，静态市盈率是一个较好的选择；如果企业有重大事件发生，我们则要准确地评估这一事件对企业利润的影响，此时动态市盈率更为可取。

💭 **小提示**

市盈率的大小可以反映个股的估值状态，那么，多少倍的市盈率算是高估，多少倍的市盈率又算是低估呢？据国内股票市场情况来说，成长性较高的企业（未来三年内净利润增长速度可达年平均30%以上），只要不超过40倍的市盈率就不算明显的高估；而成长性相对较差的企业（未来三年内净利润增长速度在10%以内），其市盈率一般不应超过20倍。此外，不同行业、不同股本的个股，其市盈率也没有一个统一的标准，我们可以进行横向（不同行业之间、同一行业不同个股之间）及纵向（个股历史走势中的市盈率变化情况）的对比，以此来分析一只个股是处于高估状态还是低估状态。

## 七、小结

基本面分析所得出的结论，要想得到股价走势的验证，其时间跨度都是比较大的，因此基本面分析法更适用于中长线投资者，这也是基本面分析方法的最大特点。而价格的中短期走势则更容易受到消息面、心理层面、资金流入流出情况等方面的影响，此时，技术分析更能准确、有效地帮助我们把握买卖时机。

# 第二节　什么是技术分析方法

● **本节要点**

1. 什么是技术分析方法
2. 技术分析的妙用
3. 技术分析方法的前提假设

● **节前概述**

技术分析方法不同于基本面分析法，它直接关注于市场交投行为本身，侧重于从多空双方力量转变情况来分析并预测价格走势，可以较为准确地预测股市及个股的中短期走势。

## 一、什么是技术分析方法

**技术分析方法** ➡ 　技术分析直接关注于市场本身，技术分析方法就是从市场交投过程中所产生的各种数据（如价格走势、成交量、盘口中的成交细节、挂单情况等）来分析多空力量的转变情况，从而预测价格的中短期走势。

技术分析投资者认为：企业的基本面即使再好，但若不能被市场认可，也还是难以出现好的上涨行情的，而企业的内在美、内在价值要何时才能被市场挖掘、被市场认可？仅从基本面来分析，无助于我们把握买卖时机。但是技术分析则不同，它专注于市场交易行为本身，可以及时地了解市场动向从而跟踪出击。

技术分析只关注于股票市场本身，而不会过于关注上市公司的基本面情况，一些看似没有什么投资价值的"貌不惊人"的个股往往会上演黑马行情，此时，借助于技术分析，我们就可以很好地理解并出击这类个股，而基本面分析方法则无能为力。为了更好地解读市场行为，技术分析法要借助很多分析工具、分析方法来预测价格的未来走势并确定入市、出市的时机，这些分析工具、技术分析方法主要包括：K 线走势、成交量形态、主力控盘行为、技术指标等。

## 二、技术分析的妙用

技术分析可以帮助我们"弄懂"个股的运行规律，这是基本面分析方法无法解决的。我们从股市中获利的方法就是"低吸高抛"，企业的发展前景由于面临着太多的不确定因素，因此往往是难以把握的，而股票市场中的多空双方交锋情况却是一目了然的，把握了多空力量的转变情况，我们既可以赚取小波段利润，也可以赚取大行情利润。

图 1-3 为 ST 珠江（000505）2008 年 12 月至 2010 年 1 月期间走势图，

**图1-3　ST 珠江箱体震荡走势图**

此股在这长达一年多的时间里处于宽幅震荡的走势中，既没有突破上行，也没有破位下行，如果从基本面分析方法着手，我们是无法把握箱体上沿处的卖股时机，也无法把握箱体下沿处的买股时机的。但是技术分析方法则可以借助于成交量形态、个股K线走势特点、大盘运行情况等多种因素来帮助我们把握买卖时机，真正地从这个市场中获取利润。

**小提示**

如果有人向您推荐某只股票，说此股的未来业绩会有如何惊人的突破、基本面如何好时，我们此时更应关注它的股价走势情况，而非企业的基本面情况，如果您没有参考走势图，在这个高档匆匆投入，很可能不但赔上老本，还气得以后发誓再也不玩股票了。技术分析的好处便是避免你踏入这种陷阱。毕竟企业的基本面变化绝非我们中小散户投资者所能把握的，而像一些券商分析报告、专业股评人士的推荐等涉及企业基本面情况的内容只能当做一种参考，绝不是决定我们买卖个股的唯一标准。

## 三、技术分析方法的前提假设

如果说基本面分析方法是以"价格围绕价值波动"这一坚实的前提为基础的话，那么，技术分析又是以何种前提为基础呢？技术分析方法的可行性是否经得起检验呢？其实，技术分析方法正如体系完善的其他科学分析方法相似，都有着坚实的根基，而技术分析方法的根基就是建立在三大假设之上的：市场行为涵盖一切、价格依趋势运行、历史往往会重演，这三条假设的正确性是显而易见的，下面我们来看看这三条假设。

**市场行为涵盖一切** ➡ 这一假设是指：任何影响价格走势的因素（如宏观经济的走向、政策性消息、上市公司重大事项、领导人讲话、重大事件等）都将反映到市场实际的交投行为中来。

**小提示**

"市场行为"这一概念的范畴较大，一般来说，它主要指代价格走势这种具体的盘面数据，但是我们也不应忽视交易量等其他盘面数据，因为它们可以从不同的角度全面地反映市场行为本身。

**价格依趋势运行** ⟹ 这一假设是指：价格的中长期走势是有"趋势"可循的。趋势，是股市运行的客观规律。

在技术分析里，趋势被认为是存在的，一般可分为上升趋势、中继趋势、下跌趋势，技术派在进行分析时，要对市场目前的趋势有一个判断，判断的准确与否直接影响到其操作的结果。

**小提示**

趋势，是技术分析领域中最为重要的概念，我们常常会听到诸如"顺势而为"、"不可逆势而动"、"牛市"、"熊市"等说法，其实这些都是围绕着"趋势"这一概念展开的。基于趋势在技术分析方法中的重要作用，本书在随后的章节中，将会单独讲解它。

**历史往往会重演** ⟹ 这一假设是指：相似的价格走势等盘面形态往往预示了相似的后期走势；"历史会重演"这一说法就是指打开未来之门的钥匙隐藏在历史里，或者说将来是过去的翻版。

人们通过对以往的价格走势进行分析，发现相似的价格形态往往都能演变出相同的后期走势，其实，这是因为某种特定的价格形态往往是人们看好或看淡后市的特定反映，技术分析理论与人类心理学有着较为密切的联系，市场行为本身也确实验证了这一点。

在三大假设之下，技术分析方法不再是无水之源、无本之木，它有了坚实的根基。第一条肯定了研究市场行为就意味着全面考虑了影响价格的所有因素，第二条和第三条使得我们找到的规律能够应用到股票市场的实际操作中。

# 第三节  各种技术分析方法概述

● **本节要点**

1. 经典技术分析理论

2. 趋势分析法

3. K 线形态分析法

4. 成交量分析法

5. 主力行为分析法

6. 筹码分布分析法

7. 盘口实时分析法

8. 技术指标分析法

● **节前概述**

虽然同为技术分析方法、同样是关注于市场交易本身，但由于侧重点不同、出发角度不同，而使得技术分析方法多种多样，本节中，我们就结合实例来看看具体的技术分析方法都有哪些，以帮助读者快速入门，为随后的深入学习提供一个系统框架。

## 一、经典技术分析理论

经典理论是整个技术分析领域的原创性理论内容，也是各种具体技术分析方法展开的依据，技术分析理论一般是原理性较强的内容，它们侧重于阐述某种思想，而不是讲解具体的买卖方式，就这一点来说，它给人一种枯燥、呆板的感觉，但"理论"与"实践"是辩证结合在一起的有机体，我们要想更好地掌握技术分析，经典理论是必学内容。

例如：道氏理论首开技术分析先河，最先论述了股市中的趋势运行规律，堪当技术分析领域中的鼻祖理论；波浪理论则在道氏理论的基础之上，进一步阐述了股市的具体运行过程，使人们对趋势运行过程看得更细；此外，还有侧重于实盘买卖操作的箱体理论，论述交易之道的江恩理论，解读成交量的量价理论等。

╭─ 小提示 ─╮

虽然技术分析理论相对较多，但可以称之为"经典"的却并不多，这其中包括了道氏理论、波浪理论、江恩理论、箱体理论、量价理论等少数几个，透过这些技术分析理论，我们就可以深入一层，更好、更完善地掌握技术分析的实质性原理，从而为实盘买卖操作打下坚实的基础。本书在后面的章节中，会深入到这些经典理论之中，对其进行详细解读。

## 二、趋势分析法

"趋势"是技术分析领域中的核心内容，正确地把握住了趋势运行情况，我们就可以以一种宏观的角度来审视价格的走向，也不必过分拘泥于价格的短期波动，从而实现轻松获利，这就是顺势而为的操盘之道。

由于趋势的重要性及突出的实战性，在技术分析方法中，趋势分析法可以单独自成一法，趋势分析方法的核心问题有两点：一是准确地揭示当前的趋势运行情况；二是及时地把握住趋势转向时机。

╭─ 小提示 ─╮

在实际运用趋势分析方法时，我们要利用各种趋势分析工具，例如移动平均线（MA）、趋势线、周 K 线、指数异同平滑平均线等。

## 三、K 线形态分析法

K 线形态分析方法是技术分析领域中实战性最强的一种方法，它以价格的历史运行形态为对象、以技术分析方法的第三条假设"历史往往会重演"为依据来分析、判断价格的后期走势。

在 K 线形态分析方法当中，无论是单日、双日、三日的局部 K 线形态，还是多日的组合形态，当它们出现在特定的位置区时，都蕴涵了特定的市场含义，此时，依据这些 K 线形态，我们就可以更好地把握多空力量的转变，从而展开实盘买卖操作了。

我们常常用底部形态（如头肩底、双重底）、顶部形态（如圆弧顶、头肩顶）、整理形态（如三角形、楔形）等来判断个股的后期走势，其实这就是所谓的K线形态分析法，正是由于这一分析方法太普遍、太平常了，所以，我们往往并没将其系统性地提取、归纳出来。

## 四、成交量分析法

股市有谚语"量在价先"，成交量中蕴涵了丰富的市场信息，它是多空双方交锋力度的体现，也是预示价格后期走势的信号。"价格走势是方向，成交量才是动力"，美国著名的证券分析专家格兰维尔这样说过。

"成交量是股票的元气，而股价是成交量的反映罢了，成交量的变化，是股价变化的前兆。"这句话简单直接地说出了成交量的重要作用，基于成交量的重要作用，成交量分析法也广受技术分析者的重视。

成交量分析法以成交量的各种变化方式为研究对象，在结合价格走势的基础上来解读市场当前的交投情况如何，是处于上涨前期的"暗流涌动"中？还是处于暴跌前期的"高位徘徊"中？

小提示

相同的量能变化形态出现在不同的价格走势中时，是具有不同市场含义的，因此在分析量能形态的变化时，我们一定要结合价格走势来进行。故成交量分析方法也可以称之为量价结合分析方法。

## 五、主力行为分析法

主力与散户是股市中的两大阵营，散户投资者行动分散难以形成合力，他们是趋势的追随者，只能被动地追随个股的走势；而主力实力强大，是趋势引导者。有主力控盘，特别是实力强大的主力控盘的个股，其上涨幅度会远远超过大市平均水平，而无主力控盘的个股则表现平平，难有波澜。因此分析主力的意图、看清主力的动向，也是我们分析预测个股后期走势的重要方法，这就是主力行为分析法。

在分析主力行为时，有两点是我们应重点关注的。一是主力的控盘过程。主力的控盘过程可以详细地分为：建仓阶段（也称吸筹阶段）、震仓阶段、拉升阶段、洗盘阶段、拔高阶段、出货阶段这六个环节，其中的建仓阶段、拉升阶段、出货阶段是必不可少的环节。弄清个股当前处于主力控盘中的何种阶段，我们就可以更好地展开交易。二是主力的操盘手法。主力操盘手法是指主力在盘口中打压、拉升个股的具体实施方式，它是为主力当前控盘环节服务的，了解了主力的控盘手法，我们就可以更为准确地判断主力的控盘行为。

🗨 **小提示**

在主力控盘的个股往往也是极具黑马潜力的个股，但主力的市场行为往往难以判断，主力的意图也让人捉摸不定，此外，一只个股是否有主力，主力的实力是否够强等问题也是我们要解决的，在本书后面会单独对其进行讲解，以帮助读者提升分析主力市场地位的能力。

## 六、筹码分布分析法

筹码，在股票市场中用于指代可供买卖的股票，筹码的最大特点是可与现金实现互逆交换，但筹码并不能直接变现，它需要持有筹码人将其转手卖出才行，在股市中，二级市场的高度流通性保证了股票筹码与现金的互逆交换。

投资者买入股票有一定的价格，这就是它的持仓成本，对于一只个股来说，它的全部流通筹码都在投资者手中，那么，投资者的持仓成本情况如何呢？筹码分布分析法正是通过分析一只个股全部流通筹码的持仓成本分布情况来预测其后期走势的。

🗨 **小提示**

由于个股的走势不同，个股中全部投资者的持仓成本分布情况也不尽相同，一般来说，密峰形态与发散形态是基本的两种情形。本书在后面的章节中将会结合实例来详解这些不同的筹码分布形态。

## 七、盘口实时分析法

每个交易日的盘口中，是多空双方交锋的最前沿，盘口中的一些实时数据（如分时图走势、挂单情况、成交细节、委比、量比、内外盘等）也是多空力量对比情况、转变情况的实时反映窗口，盘口分析法就是以这些实时的盘口数据为依托来分析多空双方的交锋情况，从而预测个股随后的走势。

由于盘口实时分析法以当日盘口的实时数据为对象，其时间范围相对较窄，因此它更适用于分析个股的短期走势；此外，由于个股在某个交易日的走势又易受偶然因素影响，为了使我们的分析更为准确，我们还要综合考虑到此股的阶段性走势情况、趋势运行情况，以此为背景，所得出的分析结论就会更为准确。

**小提示**

盘口分析方法中的重点是对分时图形态的分析，透过分时图的波动形态，我们不仅可以更好地把握个股短期内是强势还是弱势，还可以实时了解到是否有主力采取行动等信息。

## 八、技术指标分析法

技术指标分析法是一种将盘面数据进行数学函数处理，并利用所得到的函数曲线或函数值来定量研究市场交易的方法。技术指标分析法所依据的交易数据主要包括相应时间周期内的开盘价、收盘价、最高价、最低价及成交量，不同的技术指标会使用不同的交易数据、遵循不同的计算方法。

由于侧重点不同，我们将形形色色的各种技术指标大致划分为以下几类：趋势类指标、摆动类指标、能量类指标、大盘指标、成交量指标、相关的专业指标等。

**小提示**

技术指标不仅是一种分析方法，它更是一种实战性很强的工具，在实盘操作中，无论是对于趋势的研判，还是对于短期高低点的把握，我们都可以借助于相关的技术指标来展开实战。

# 第四节 技术分析方法下的买卖方式

● **本节要点**

1. 做多机制与做空机制

2. 做大行情或做小波段

3. 高进更高出的中线交易

4. 低进高出的中线交易

5. 低吸高抛的波段交易

6. 低出的交易主方式

● **节前概述**

不同的技术分析方法侧重点不同，在指导实盘买卖操作时，其所对应的交易方式也不尽相同。一般来说，股票交易是以做多方式来进行获利的，但"低吸高抛"的获利机制只是一种笼统的说法，持股时间的不同直接导致了我们采取的策略不同，本节中，我们就来看看技术分析方法下的买卖方式有哪些。

## 一、做多机制与做空机制

国内的股市是以做多机制来进行获利的市场，与做多获利机制正好相反的是做空机制，但做空机制鲜见于股票市场，它更多地出现在期货交易或外汇交易中，下面我们来具体看这两种交易方式。

**做多机制** ➡ 这种交易机制是指：投资者在一笔交易中应先买入再卖出，这样，只有在投资者买入后，其价格走势上涨，才能通过随后的卖出操作来赚取差价利润，并从中获利。

小提示

　　交易是否获利，取决于我们是否可以从一买一卖这个过程中赚取差价利润，做多机制限制了买卖过程只能是以"买入"为始、以"卖出"为终，在这种交易机制下，投资者若想获利，只能是先在相对低位区买入，随后等股价上涨后再在相对高位区卖出，如果随后的个股下跌，则投资者将面临亏损。

做空机制 ▶

　　这种交易机制是指：投资者在一笔交易中应先卖出再买入进行平仓，这样，只有在投资者先卖出后，其价格走势下跌，才能通过随后的买入平仓操作来赚取差价利润，并从中获利；这种交易机制广泛地应用于期货、外汇等"零和交易"的市场中。

小提示

　　做空机制要求买卖过程只能是以"卖出"为始、以"买入平仓"为终，在这种交易机制下，投资者若想获利，只能是先在相对高位区卖出，随后等价格下跌后再在相对低位区买入平仓，如果随后的格走势上涨，投资者将面临亏损。

## 二、做大行情或做小波段

　　在股票市场中，无论如何买卖，"先低价买入、随后高价卖出"是我们获利的唯一途径，但"随后"是一个模糊的范畴，它代表着买股者的持股时间。这个时间究竟要多久呢？依据持股时间的长短，我们可以将各种交易方式统分为两种，即中长线交易方式和短线交易方式（也称为波段交易方式）。

　　在技术分析的范畴下，中长线的交易方式以趋势分析为核心，讲究顺势操作，在升势中以持股待涨为主，在跌势中则以持币观望为主；短线交易方式则以K线形态、量能形态、技术指标等分析为主。还讲究高抛低吸，以个股走势中的上下波动为线索来获利短期利润。下面我们结合实例来看看这些或是以大行情为核心或是以小波段为核心的具体买卖方式。

小提示

做大行情或是做小波段，两者并不矛盾，若能有序地协调好两者之间的关系，我们的获利能力将大大提高，将两者进行结合的最佳方式是"看长做短"，即在看清大行情的基础上，积极地展开短线交易，以期在升势中获取高于市场平均水平的回报率，在跌势中也会偶有收获。

### 三、高进更高出的中线交易

高进更高出的中线买卖方式是指：在初步辨识出上升趋势后，或是在明确辨识出上升趋势后，即使此时的个股处于阶段性的高点，但只要它的累计涨幅不大且短期不会出现深幅调整走势，我们就可以"追涨"买股（一般来说是重仓买入），因为此时的"高点"会随着升势的不断延续下去而成为未来的"低点"。

图 1-4 为金路集团（000510）2008 年 5 月 8 日至 2009 年 3 月 24 日期间走势图，此股在经历了 2008 年的深幅下跌后，于深幅下跌后的低位区出现了长期的止跌企稳走势（如图中标注所示的区域 A），随后开始稳步地反转上行。当个股运行到 B 点后，此时，我们是否可以追涨买股呢？

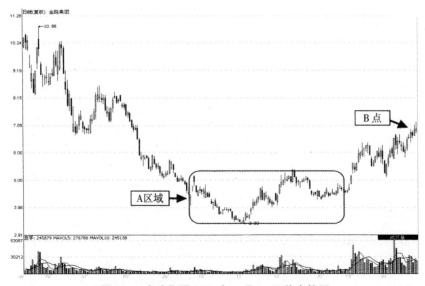

**图 1-4 金路集团 2009 年 3 月 24 日前走势图**

答案是肯定的，因为，此时的个股从中长线的角度来看仍处于低位区，而且，上升趋势已初露苗头，此时的"追涨"完全是一种顺应上升势发展而实施的顺势而为的操作，此时的买入操作从局部角度来看是一种"高进"操作，但这并不影响我们获利，因为随着升势的延续，我们随后将可以在更高的点位获利卖股，这就是所谓的"更高出"，图1-5标示了此股在2009年3月24日前后的走势情况。

**图1-5　金路集团2009年3月24日前后走势图**

图1-6为保税科技（600794）2008年9月至2010年4月期间走势图，如图中标注所示的盘整区，这是个股在上升途中整理走势的表现，此股在这之前的运行形态已使得其上升趋势明朗，此时买入虽然股价相对较高，但却并不影响我们随后以通过中线持股待涨的方式来分享升势延续所创造的利润。这就是利用升势延续而采取的高进更高出的操作来进行获利的买卖方式。

## 四、低进高出的中线交易

低进高出的中线买卖方式是指：在个股上升趋势趋于明朗的时候，在个股一波回调走势中的局部低点买股布局（一般来说是重仓买入），并在随后耐心持股待涨，直至升势出现见顶迹象或是出现反转迹象时再卖股离场。

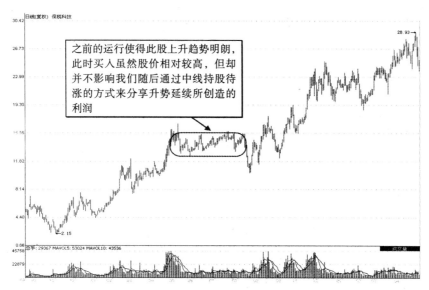

之前的运行使得此股上升趋势明朗，此时买入虽然股价相对较高，但却并不影响我们随后通过中线持股待涨的方式来分享升势延续所创造的利润

图1-6 保税科技高进更高出中线交易示意图

图1-7为陕天然气（002267）2008年9月25日至2009年8月7日期间走势图，此股在低位区出现了反转上行的走势，长时间的稳健攀升使得此股趋势反转上行的态势趋于明朗，随后，在上升途中出现了一波深幅调整走势，此时就是我们在上升趋势中进行"低进"的好时机。这里的"低进"并

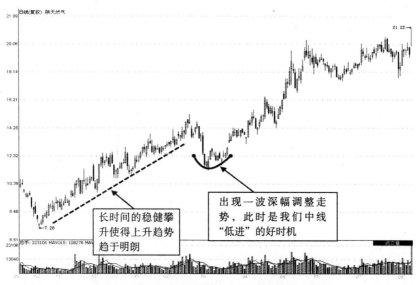

长时间的稳健攀升使得上升趋势趋于明朗

出现一波深幅调整走势，此时是我们中线"低进"的好时机

图1-7 陕天然气低进高出中线交易方式示意图

不是指买在最低点，而是指买在一波回调走势后的阶段性低点，这种在上升途中逢高吸纳个股的好处是可以规避短线波动风险且稳稳分享随后升势延续所创造的利润。

## 五、低吸高抛的波段交易

低吸高抛的波段买卖方式是指：利用个股短期内的上下宽幅震荡展开阶段性低吸高抛操作，基于个股震荡方式的不同，我们可以将波段买卖方式分为：箱体震荡走势的波段交易方式、上升途中回调走势后的波段交易方式、下跌途中短期快速下跌后的博取反弹波段交易方式三种。

### 1. 箱体震荡的波段交易方式

箱体震荡走势的波段交易方式是指：在个股呈横向的宽幅震荡箱体走势时，通过在箱体下沿处买股、箱体上沿处卖股的方式来获取波段利润。这一箱体区可以出现在持续上涨后的高位区，也可以出现在大幅下跌的低位区，这是一个多空双方总体力量趋于平衡的区域，个股既难以突破上行，也难以破位下行。

图 1-8 为奥飞动漫（002292）2009 年 9 月至 2010 年 10 月期间走势图，此股在作为新股上市后，其走势呈现出横向的箱体震荡形态，此时，无论我

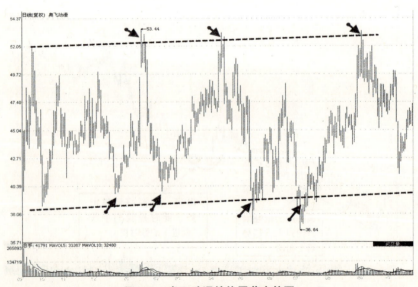

**图 1-8  奥飞动漫箱体震荡走势图**

们是中长线的持股待涨或是持币观望，都不是从此股获取利润的好方法，而结合个股的箱体震荡走势中，选择在箱体下沿处短线买股，并在随后的箱体上沿处卖股，则是一种较好的买卖方式。图中用箭头标注了箱体走势中的阶段性买点与卖点。

在利用箱体震荡走势来进行买卖操作时，我们应及时地从个股最初的震荡规律中预判出此股随后所出现的箱体震荡走势，从而才能展开有效的买卖操作。此外，在高位区的箱体震荡走势中，随着高位震荡时间的延长，每一次个股经一波下跌而返回到箱体下沿时，都会使得其随后的破位下行概率增加，因此我们在买入时应注意控制买股仓位、规避高位风险；而在低位区的箱体震荡走势中，随着低位震荡时间的延长，每一次个股经一波上涨而达到箱体上沿时，都会使得其随后突破上行的概率增加，因此我们在卖出时可以部分减仓，以防止随后出现踏空。

图1-9为时代新材（600458）2006年11月至2008年6月期间走势图，此股在持续上涨后高位区出现了长时间的箱体震荡走势，在箱体震荡形成的最初时间段内，当个股经一波下跌而接近箱体下沿时，我们可以进行重仓短

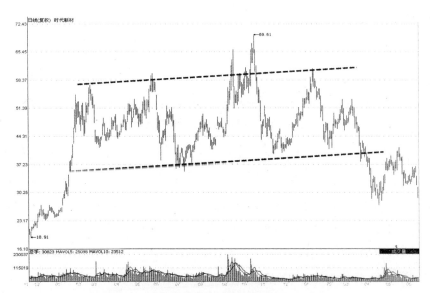

**图1-9 时代新材高位区箱体震荡走势示意图**

线买股，但随着震荡走势的不断持续，我们在箱体下沿处的短线买股仓位就应不断下降，因此这种高位区的箱体震荡走势往往是预示着顶部出现的形态，此时，我们可以进行短线操作，但应规避随着震荡走势持续而逐步加大的风险。

图1-10为湘邮科技（600476）2008年8月26日至2009年7月9日期间走势图，此股在上升途中累计涨幅较小的情况下，出现了横向的箱体震荡走势，此时我们可以进行短线操作，但由于此股前期升势良好且当前处于中长线上的相对低位区，因此随着箱体震荡的不断持续，个股随后突破上行的概率也大大增强，我们应注意在箱体上沿处的减仓幅度，以防止个股突破上行后踏空局面的出现。

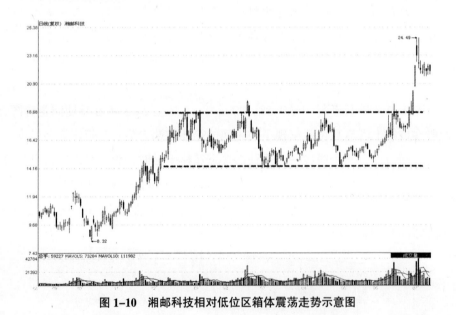

**图1-10　湘邮科技相对低位区箱体震荡走势示意图**

2. 上升途中回调走势后的波段交易方式

上升途中回调走势后的波段交易方式是指：在上升途中的一波回调走势后，于阶段性的低点进行短线买股操作，随后，个股因升势带动而再度出现一波上涨走势后，就于阶段性的高点（一般来说也是升势中的最高点附近处）卖股出局。

图1-11为科力远（600478）2008年12月11日至2009年4月6日期间走势图，此股在上升途中出现了一波深幅调整走势，此时是我们短线买股的

时机，随后再度上扬后创出的新高、短期上涨无力时，就是我们短线卖股的时机。

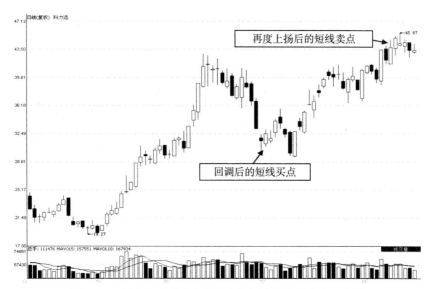

图 1-11　科力远上升途中回调走势后波段交易方式示意图

（小提示）

在利用这种交易方式买股时，前期升势较好、阶段性回调幅度较大、速度较快的个股是我们短线买股的首选目标，因为这类个股在随后的再度上扬中，其短期内的一波上涨力度往往会较大一些。

3. 跌途中短期快速下跌后的博取反弹波段交易方式

跌途中短期快速下跌后的博取反弹波段交易方式是指：在下跌途中的一波快速下跌走势中，由于短期内的市场处于超卖状态，随后都有可能出现反弹行情，因此应于创出新低的阶段性低点买股布局，以期通过随后的反弹上涨来获取短期利润。

图 1-12 为龙元建设（600491）2009 年 11 月 12 日至 2010 年 4 月 14 日期间走势图，此股在经历了高位区的震荡之后，开始步入跌势，如图标注所示，下跌途中出现短期的一波快速且幅度较大的下跌走势，使得个股处于阶段性的超跌状态，此时我们可以进行短线买股，以博取极有可能出现的反弹行情，而随后反弹走势后的阶段性高点则是我们短线卖股的时机。

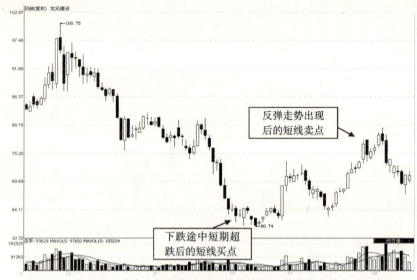

图1-12　龙元建设跌途中短期快速下跌后的博取反弹波段交易方式示意图

小提示

在利用这种交易方式进行操作时，我们只宜轻仓进出，因为在跌势中博取反弹行情的风险是极大的，它也是众多短线交易方式中最难做的一种，为了保证完善地实施买卖操作、避免情绪波动而造成的买卖失误，轻仓进出是最好的选择。

## 六、低出的交易方式

低出的交易方式是指：在个股高位盘整后向下破位或是在下跌途中盘整后的向下破位时，如果我们没能在盘整走势中卖股离场，则此时也不能抱有反弹上涨后出局幻想，而应在第一时间内卖股离场，以规避个股随之而来的破位下行风险。

图1-13为海泰发展（600082）2009年11月30日至2010年7月14日期间走势图，如图中标注所示，此股在经高位区的长期震荡之后，一根大阴线使得此股呈现出顶部区过后的破位下行态势，此时我们不能犹豫，应在第一时间内卖股离场。

图1-14为东方金融（600086）2008年2月5日至11月4日期间走势图，此股在下跌途中出现了一段时间的盘整走势，虽然此股前期累计跌幅已

经较深，但"熊市不言底"却提示我们不可轻易抄底入场。随后，此股的一根向下破位的大阴线出现，如果我们进行了博取反弹行情的短线买股操作，而又没能在反弹后及时卖出的话，此时的破位大阴线就是提示我们不能再恋战的信号。

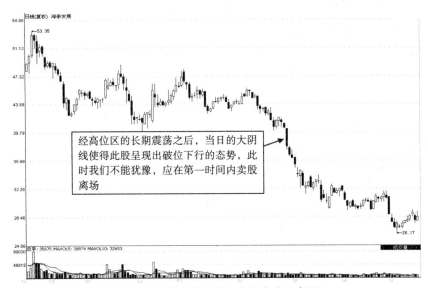

图 1-13　海泰发展低出交易方式示意图

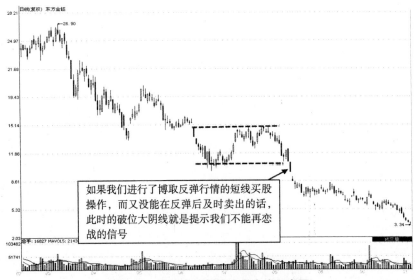

图 1-14　东方金钰低出交易方式示意图

在利用这种交易方式进行操作时，我们不应拘泥于是否卖在了短线高点这个问题上，这样只会使我们的利润不断缩水，或是使我们随后深套于高位区。要想成为成功的投资者，我们就应改变原有的思维定式，严格按照理性分析的结论去操作。

# 第二章　洞悉趋势，深入技术分析核心

趋势是技术分析中的核心所在，能否正确地解读出当前的趋势运行状况将直接影响我们的交易方案，在升势中过早地获利出局、在跌势中过早地抄底入场都是不可取的，这些错误的操作就是源于对趋势运行状况没有一个准确的把握。本节中，我们将以道氏理论为引子，来详细地讨论一下趋势的运行规律、趋势的分析方法。

## 第一节　道氏理论，理解趋势要义

### ● 本节要点

1. 道氏理论的起源

2. 道氏理论的六大核心原则

3. 道氏理论的不完备处

### ● 节前概述

道氏理论是技术分析领域中的开山理论，后续发展出来的很多技术分析理论、技术分析方法都是以道氏理论为基础的，在道氏理论诞生之后，各式各样的技术分析方法如雨后春笋般破土而出，由此可见道氏理论的奠基性作用。而道氏理论的核心内容正是对趋势运行规律的阐述，这也足见"趋势"在整个技术分析领域中的作用。本节中，我们借道氏理论来探讨一下趋势的运行规律，以帮助读者深入到趋势内部，而不只是单单地了解其皮毛。

## 一、道氏理论的起源

道氏理论（Dow theory）由首位华尔街日报的记者和道琼斯公司的共同创立者查尔斯·道（1851~1902）所创，当时投资界的主流观点是：个股的走势只与自身有关，而与其他同类股票、股市整体并无太大牵连，因此研究股市全体个股的平均走势是没有意义的。这种观点在今天看来显然是不正确的，正是在此大环境下，查尔斯·亨利·道创设了道琼斯指数，并提出了关于股票市场的全新理念：在股票市场中，个股的价格波动的背后，实际上总是隐藏着市场整体趋势的变化。

查尔斯·道对股市整体趋势运行规律的论述散见于他所发表的各种社论中，后经威廉姆·皮特·汉密尔顿和罗伯特·雷亚的继承发展并将其理论总结成书，这两人所著的《股市晴雨表》及《道氏理论》系统地总结并发展了查尔斯·道所提出的理论，成为后人研究道氏理论的经典著作。今天我们所说的道氏理论是查尔斯·道、威廉姆·皮特·汉密尔顿、罗伯特·雷亚三人共同的研究结果。

## 二、道氏理论的六大核心原则

道氏理论的核心内容就体现在它概括总结出的六大原则上，这些原则全面系统地论述了股市的趋势运行规律。

1. 原则一：平均指数包容消化一切

所谓的平均指数是指反映股市整体运行情况的一种指标，例如在国内股市中，上证综合指数、深圳成份指数都可以称之为平均指数。这一原则指出：平均指数反映了无数投资者的综合市场行为，任何会影响到股市走向的因素都会适当地反映到平均指数的走势中来，股票市场中的平均指数走势包容消化了各种已知的、可预见的事情，而且，市场指数永远会适当地预期未来事件的影响，如果发生了利好或利空事件，市场指数也会迅速地加以评估。

其实，道氏理论就是基于对道琼斯指数的研究而得出的系统性理论，道琼斯指数由查尔斯·道所创造、反映的美股市场的走势，它共分为四组，第一组为工业股票价格平均指数，第二组为运输业股票价格平均指数，第三组为公用事业股票价格平均指数，第四组为平均价格综合指数，其中以道琼斯工业平均指数最为著名。

2. 原则二：市场走向可以划分为三种趋势

道氏理论将股市中的趋势依级别的大小划分为三种：基本趋势（也称为主要趋势）、次级趋势、短期趋势。其中的"次级趋势"、"短期趋势"我们将其命名为"次级走势"、"短期走势"会更为恰当，因为我们是用"趋势"这一词语指代价格的中长期走势的。

**基本趋势** ➡️ 基本趋势是股价波动的大方向、总体性方向，这种变动持续的时间通常为一年或一年以上，并导致股价增值或贬值20%以上；依据基本趋势的运行方向，可以分为上升趋势、下跌趋势、盘整趋势。

**小提示**

我们平常所讨论的"趋势"默认指的就是基本趋势，透过道氏理论对基本趋势的定义，我们了解到，趋势其实就是价格波动的大方向。

**次级走势** ➡️ 次级走势出现在基本趋势的行进途中，与基本趋势运行方向相反，是对基本趋势的牵制与修正，其持续的时间从几日到几周不等，修正幅度一般为价格在一波上涨或下跌中的1/3左右。

**小提示**

上升趋势中的回调走势、下跌趋势中的反弹走势，其实就是道氏理论所指称的次级走势。次级走势可以看做是对原有趋势运行的一种"缓冲"，经短暂的缓冲之后，趋势仍旧会沿原有的方向运行下去。

**短期走势** ➡️ 短期走势反映了股价在几天之内的变动情况，多由一些偶然因素决定。

**小提示**

虽然道氏理论认为短期走势由偶然性因素决定、难以判断，但在实盘操作中，价格的短期走势还是有迹可循的，此时，我们可以利用不同的盘面数据来分析短期内多空力量的转变，进而分析价格的短期走势，这也是技术分析实战应用时的重点所在。

图 2-1 为道氏理论中的基本趋势、次级走势、短期走势划分示意图，图中标注的从数字 1 到数字 6 的整个运行过程对应于基本趋势，而从数字 2 到 3、数字 4 到 5 的运动过程则对应于次级走势，类似于英文字母 A 到 B 这样的小波动则视为短期走势。

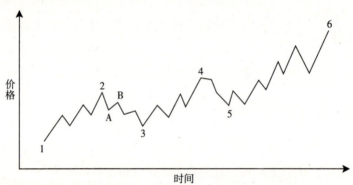

**图 2-1 基本趋势、次级走势、短期走势划分示意图**

3. 原则三：上升趋势、下跌趋势、盘整趋势

**上升趋势**　上升趋势也称为牛市，是价格稳步上扬的一种运动形态，我们可以用"波峰"与"波谷"来类比升势的运动过程，上升趋势就是价格走势一峰高于峰、一谷高于一谷的运动过程。

**下跌趋势**　下跌趋势也称为熊市，是价格逐步下行的一种运动形态，下跌趋势就是价格走势一峰低于一峰、一谷低于一谷的运动过程。

**横盘震荡趋势**　横盘震荡趋势也称为盘整趋势，是价格横盘波动的运动过程，它既可以出现在上升趋势或下跌趋势的行进途中，也可以出现在上升趋势的末期或是下跌趋势的末期，多是一种趋势运行不明朗的体现。

图 2-2 为上证指数 2006 年 2 月至 2007 年 11 月期间走势图，从这张走势图中可以看到，在这长达近两年的时间里，股市是处于"一峰高于一峰、一谷高于一谷"的上升趋势中的，如果我们在股市运行途中很好地辨识出这种趋势，就可以更好地展开实盘操作了。

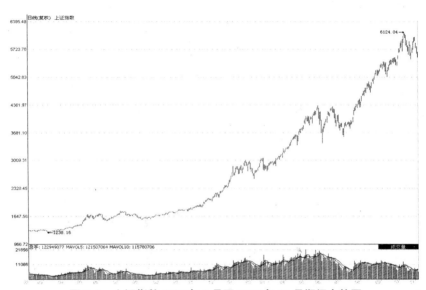

**图 2-2 上证指数 2006 年 2 月至 2007 年 11 月期间走势图**

**小提示**

把握好市场的趋势运行状态，于我们实盘操作而言是至关重要的，在上升趋势中我们宜持股待涨、不宜过早获利出局，在下跌趋势中我们宜持币观望、不可盲目地抄底买股，在盘整趋势中，我们则宜进行高抛低吸的短线操作。

4. 原则四：上升趋势与下跌趋势各分为三个阶段

为了更好地了解上升趋势与下跌趋势，道氏理论依据市场的实际情况，将上升趋势及下跌趋势各划分为三个阶段。

上升趋势第一阶段：可以称之为建仓阶段或多方能量积累阶段。这一阶段多出现在深幅下跌后的低位区，空方的抛售力度也因过低的价格而大大减轻，此时，市场处于相对低估状态，前期下跌所产生的恐慌情绪仍残留于市场中，但有远见的投资者已意识到了底部的出现，从而开始逐步买入，筹码向坚定看多后市的投资者手中转移，从而为后期升势的出现打下了良好的基础。

上升趋势第二阶段：可以称之为持续上涨阶段。在一阶段中，随着经济的回暖、企业盈利的增强，股市开始吸引越来越多的投资者涌入，在加速入场的买盘资金推动下，股市节节走高，在此阶段，成交量往往会随着价格的不断上扬而出现同步放大的形态，这说明市场买盘充足、股市气氛持续活跃。一般来说，这一阶段上涨幅度巨大，技巧娴熟的交易者往往会在这一阶段获得最大收益。

上升趋势第三阶段：可以称之为狂热中见顶阶段。此时市场中充溢着乐观的情绪，股市的财富效应获得了场内外投资者的共识，很多不熟悉这个风险市场的场外人士纷纷加入进来，他们的感觉是只要买进就会赚钱，价格惊人地上扬并不断创造"崭新的一页"，价格处于明显的泡沫区间，基本面已无法有效解释股市的上涨，但随着指数或股价的屡创新高，成交量却是不增反减，这是买盘力量越来越弱的表现，市场正加速进入顶部区。

下跌趋势第一阶段：可以称之为顶部出货阶段。在这一阶段，有远见的投资者意识到场外买盘的匮乏及股市的明显泡沫状，从而开始逢高派发，股市中的多方力量也不再占据主导地位，但由于前期升势效应犹存，股市开始处于焦灼状态，呈现出滞涨走势，随着滞涨的持续，越来越多的持股者就会有卖股离场的意愿，而为数不多的场外买盘资金也失去了追涨热情，当某种外界利空消息突发，抛盘就会集中涌出，从而使股市转向下行。

下跌趋势第二阶段：可以称之为持续下跌阶段。在这一阶段，空方是市场中的主导力量，外界利空消息也是频频出现，企业的盈利能力、经济的走向都令投资者担忧，由于买盘资金的匮乏，卖盘就会变得更为急躁，价格跌势陡然加速，当交易量达到最高值时，价格也几乎是直线落至最低点。这一阶段往往可以跌去牛市上涨阶段的七八成幅度。也正是在这一阶段，市场开始出现了恐慌性的抛售。

下跌趋势第三阶段：可以称之为恐慌中见底阶段。这一阶段与牛市的第一阶段交织在一起，市场在前期大幅下跌之后，做空动能得到了较为充分的释放，但市场恐慌情绪犹在，此时某些外界的利空消息很可能引发空方力量的最后一次集中释放，股市也会在这一波恐慌性的下探之后进入底部区间。

但由于买盘资金并没有大力入场，市场也难以在短时间内转势上行，于是就在低位区出现了盘整震荡走势。

图 2-3 为上证指数 2007 年 9 月至 2008 年 11 月期间走势图，股市在此期间完成了下跌趋势的整体演变，通过图中标示的三个阶段，我们可以更为透彻地了解下跌趋势的形成、发展、终结这个完整的过程。

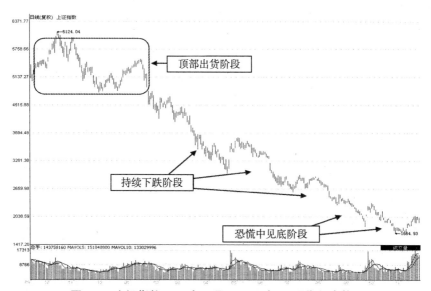

图 2-3　上证指数 2007 年 9 月至 2008 年 11 月期间走势图

上升趋势及下跌趋势的三阶段划法，只是为了我们更好地了解趋势运行过程及市场多空力量的转化情况，在实际的趋势运行过程中，这三个阶段并非泾渭分明，往往是交织在一起，这一点是我们应注意的。

5.原则五：成交量可以验证趋势的运行

成交量在股市技术分析中具有重要的作用，在道氏理论中，成交量被认为可以用来验证趋势的运行状况，成交量的最主要作用就是可以体现出买盘的介入力度或是卖盘的涌出力度，上升趋势是一个买盘入场力度逐步增强的市道，下跌趋势则是卖盘不断、买盘入场意愿极低的市道，这些市况都会体现在具体的成交量形态上，透过量能形态的变化，再结合价格的总体走向，我们就可以更好地把握市场节奏的变化，从而准确地揭示出趋势运行情况。

　　图 2-4 为上证指数 2006 年 9 月至 2007 年 6 月期间走势图，股市在此期间处于明确的上升趋势中，而期间的成交量也随着指数的节节攀升而不断上扬，呈现出一种价与量齐升的形态，这种量价齐升的形态正是上升趋势中最为典型的量能形态，它说明市场买盘充足，是升势稳健可靠且仍将持续下去的信号。透过这种典型的量能形态，我们就能更好地识别出当前的趋势运行情况。

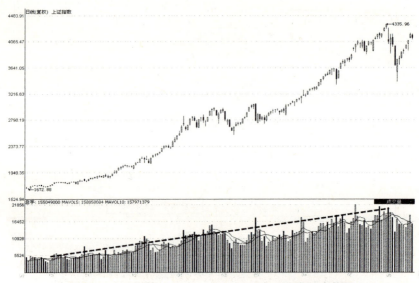

**图 2-4　上证指数 2006 年 9 月至 2007 年 6 月期间走势图**

　　虽然道氏理论提及了成交量对于趋势运行的验证作用，但道氏理论的核心是强调是市场的总体趋势，其主要趋势的运行方向才是结论性信号，成交量在实际运用中只是对趋势走向起到辅助分析的作用，是我们研读趋势运行情况时的一种参照和验证。

　　6. 原则六：趋势反转时会有明确信号出现

　　这一原则指出：趋势有较强的持续运行力度，而且在反转时会有明确的信号出现。就股市运行的实际情况来说，预示着一轮趋势结束或即将结束的反转信号有很多种，例如上升趋势末期的"量价背离"形态、经典的顶部反转形态、下跌趋势末期的"放量企稳"形态、经典的底部反转形态等均属于预示着趋势转向的反转信号。

图 2-5 为上证指数 2006 年 5 月至 2008 年 1 月期间走势图，如图中标注所示，在指数不断上涨的高位区，新一波上涨走势使得指数再度创出了新高，但创新高时的量能却较之前上涨时的量能明显萎缩，这就是预示买盘枯竭、顶部出现的量价背离形态，它预示了顶部的出现，是升势即将结束的明确信号之一。

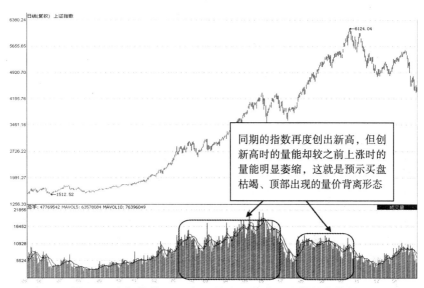

**图 2-5　上证指数 2006 年 5 月至 2008 年 1 月期间走势图**

小提示

这一原则也是切实指导投资者进行实盘操作的操盘原则，它指出：我们不要希望成为市场的超人，不要去抓顶摸底。跟随价格走势做出客观判断、不要提前做预测，只有这样，才能在升势出现时获得大行情的利润，在跌势出现后才能很好地规避风险。

## 三、道氏理论的不完备处

道氏理论首开技术分析先河，它的奠基性作用是毋庸置疑的，但是，这一理论也有不完备处。它的不足之处有以下三点：一是叙述内容过于笼统，没有详细地描述出趋势运行的具体细节；二是道氏理论并没有给出我们及时发现并捕捉趋势的明确信号，这使得其在实盘操作中的作用大打折扣；三是道氏理论是论述股市的趋势运行规律，虽然，这种趋势运行规律同样适用于研判个股，但投资者却难以使用此理论来进行选股、买股、卖股。

**小提示**

了解道氏理论的这些不完备之处，我们就可以结合其他的技术分析理论、技术分析方法来补足它，以此来切实可行地提升自身的技术分析能力与实盘操作能力。

# 第二节  波浪理论，把握趋势的运行过程

## ● 本节要点

1. 什么是波浪理论
2. 波浪理论的四大要点
3. 八浪循环过程
4. 四条数浪原则
5. 波浪理论的不完备处

## ● 节前概述

波浪理论是一种相当经典的技术分析理论，它的地位与道氏理论不相上下，且实战作用更强，波浪理论是在道氏理论基础之上发展起来的，道氏理论解析了趋势运行规律，但却没有指出趋势的具体运行方式、运行形态，而这些问题正是波浪理论所要解决的。本节中，我们就来详细地解读波浪理论。

## 一、什么是波浪理论

波浪理论是技术分析大师 R.E.艾略特（R.E.Elliot）所发明的一种价格趋势分析工具，它是一套完全靠观察得来的规律，在道氏理论的基础之上，艾略特以道琼斯工业指数为研究对象，发现趋势的行进过程呈现出波浪起伏的

形态，而这种波浪起伏的形态又似乎是股市内在秩序的自然反应，以此思想为核心，艾略特认为：不管是股票还是商品价格的波动，都与大自然的潮汐、波浪一样，一浪接一浪，循环往复，具有相当程度的规律性。

为了揭示出股市中的波浪运行规律，艾略特以天才加勤奋，前后大约用了 10 年的时间潜心研究，提出了一套以"波浪"为核心的系统分析理论——波浪理论。

波浪理论通过对市场波动形态进行总结，共提炼出了 13 种形态或波（Pattern），这些形态可以称之为基本形态，它们在市场会反复出现，但是出现的时间间隔及幅度大小并不一定具有再现性。此后，他又发现了这些呈结构性形态之图形可以连接起来形成同样形态的更大图形。这样提出了一系列权威性的演绎法则用来解释市场的行为，并特别强调波动原理的预测价值，这就是久负盛名的艾略特波段理论，又称波浪理论。

## 二、波浪理论的四大要点

波浪理论的核心内容可以归结为四点：

1. 指数上升走势与下跌走势会交替出现

波浪理论认为上升趋势与下跌趋势是交替出现的，一轮大的升势行情过后，随之而来的将是一次较大的下跌走势。一个升势与紧随而至的跌势正好构成了一轮完整的循环过程。

2. 推动浪与调整浪是最为基本的两种波型

所谓的推动浪就是推动趋势运行、与趋势运行方向一致的一波走势，在上升趋势中，幅度较大的上涨浪是推动浪，在下跌趋势中，幅度较大的下跌浪则是推动浪；调整浪则是与趋势运行方向相反、对原有趋势有牵制、缓冲作用的一波走势。

3. 五升三降的八浪运行方式构成一个完整的循环

上升趋势一般由五浪组合而成，这五浪可以称为上升浪，下跌趋势则由三浪组合而成，这三浪可以称为下跌浪。在上述八个波浪（五升三降）完毕之后，一个循环即告完成，走势将进入下一个八浪循环。

4. 时间长短不会改变波浪形态

波浪可以拉长，也可以缩短，但其基本形态永恒不变，市场会依照其基本形态发展，时间的长短并不会使其改变。

五升三降的八浪循环过程是波浪理论的核心内容，这是对趋势运行方式的具体描绘，也是我们把握趋势运行情况的重要线索。

## 三、八浪循环过程

图2-6为波浪理论"五升三降"八浪循环示意图，其中的第1浪、第2浪、第3浪、第4浪、第5浪为上升浪，这五个浪合起来构成了上升趋势；第a浪、第b浪、第c浪则为下跌浪，这三个浪合起来构成了下跌趋势。波浪理论认为股市的总体走向是上升的，这正好与人类社会不断进步、社会财富不断增长的实际情况相符，故五个上升浪的上涨幅度要大于三个下跌浪的下跌幅度。此外，透过这张图，我们也可以看到波浪理论的另一个核心思想，即趋势的运行是"一波三折"的，是以波浪的方式来实现的。

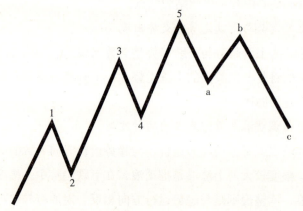

图2-6　波浪理论"五升三降"八浪走势图

这八个浪对于我们分析趋势的运行具有重要指导意义，下面我们就来看看波浪理论是如何描述这八个浪的。

第1浪：这一浪是上升趋势的起始浪，此时的市场处于前期深幅调整后的低点，因此很多投资者会把这一波的上涨看做是下跌途中的一波反弹走势，但是如果我们细心就会发现，它的上涨幅度及量能放大情况都要大于下跌途中的反弹走势。但由于多方力量尚未完全会聚，因此这一浪在前五浪中，其上扬幅度往往是最小的。

第 2 浪：这一浪出现在第 1 浪之后，是对第 1 浪的调整，而且由于持股者因前期长时间的熊市原因，仍保留着较强的逢高离场意愿，这也使得第 2 浪的调整幅度往往较深，但一般来说它不会调整到第 1 浪上涨之初的位置。第 2 浪的特点是成交量逐渐萎缩，波动幅度渐渐变窄，反映出抛盘压力逐渐衰竭。第 2 浪与第 1 浪往往还会构成一些经典的底部反转形态，如头肩底、双重底、三重底等。

第 3 浪：这一浪是上升趋势中涨幅最大、涨势最凌厉的一浪，我们可以将其称为上升趋势的主升浪，这一波的出现往往是与宏观经济的快速增长、企业盈利能力的持续增强并驾齐驱的，在这一浪中，由于股市的不断上涨，从而激发了越来越多的投资者关注股市并加入进来，这也使得推动股市上扬的买盘资金异常充足，这充足的买盘通过"量价齐升"的形态会完美地展现出来。此外，在这一浪的实际推动过程中，它往往会发展成为一涨再涨的延升浪，并且在 K 线走势图中，常常会以势不可当的跳空缺口向上突破，这强烈地表明当前的市场已由多方完全主导。

第 4 浪：这一浪是对之前主升浪的一波调整，由于第 3 浪的持续上涨，使得股市获利抛压开始不断增强，当买盘资金介入速度与力度开始减弱时，获利抛压就会使得市场出现较大幅度的调整，从形态的结构来看，第 4 浪经常是以三角形、楔形、旗形等整理形态呈现出来的；在调整幅度上，第 4 浪有一条原则是我们应牢记的，这就是：第 4 浪的浪底不允许低于第一浪的浪顶。

第 5 浪：第 5 浪可以看做是多方力量的最后一次集中释放，一般来说，它属于升势末期的拔高走势，由于其形成往往与市场的热烈气氛有关，而不是取决于充足的买盘推动，因此这一波的卜涨时间相对短暂、上涨角度较为陡峭。过于陡峭的上涨角度也充分说明市场不再以稳健的态势运行，而是进入到了升势的最后加速阶段。在第 5 浪的运行当中，我们往往会看到一些典型的顶部反转信号。

第 a 浪：这一浪属于筑顶的一浪，它的调整幅度与调整时间往往都要相应地大于上升趋势中的回调走势，这说明空方力量已开始占据主动，但由于前期的升势持续太久，因此大多数投资者并没有马上意识到趋势的反转，一些短线客也仍旧在积极参与，但此时的买盘却已无法推动股价继续上涨，这导致顶部滞涨走势的出现，也将使越来越多的投资者意识到升势的结束。在这一浪中，由于大多持股者并没有意识到趋势的反转，并没有急于抛售，而买盘力量又明显减弱，从而使得多空交锋趋于缓和，量能也往往会出现一定的萎缩。

第 b 浪：这一浪是形成"多头陷阱"的一浪，毕竟空方力量的积蓄需要一个过程，在实际的盘面形态上，由于这一浪的反弹力度较差，使得其走势形态呈现出明显的横盘滞涨态势，这一浪与之前的第 5 浪往往会组合成一些经典的顶部反转形态，如头肩顶、双重顶等。

第 c 浪：这一浪是下跌趋势的主跌浪，它的跌幅最大、跌势最快，而且在这一浪的推进过程中，经济不稳、企业盈利能力的下滑等利空因素会时常出现，这将加大投资者的担忧，也使得场外买盘不愿过早入场、场内持股者焦躁不安。在这种心态下，每一次的反弹都成为大量持股者逢高抛股的好时机，每一次的破位下行都唤起了投资者"熊市不言底"的记忆，在基本面较差、投资者心态恐慌、趋势持续等多重因素的共振下，这一浪往往会跌去前期上升趋势的五六成。

第 c 浪的持续使得投资者不再抱有多头幻想，但股票毕竟有实际价值，暂时的恐慌性心态也过于夸大了基本面的颓势，在第 c 浪的收尾阶段，某些外界利空因素再度引发了空方力量的集结，但也多是空方力量的最后一次集结，是对市场残留的恐慌性情绪的最后一次集中释放，在此之后，也预示着底部的出现。

图 2-7 为上证指数 2005 年 8 月至 2008 年 10 月期间走势图，股市在这长达三年多的时间里，完成了一轮完整的、幅度巨大的牛熊交替走势，图中用波浪理论的五升三降方法标示了趋势的演进方式，可以看到，第 1 浪与第 2 浪的持续时间较长，这是因为这两浪属于多方力量不断积累的筑底浪，需要一个较长的过程；第 3 浪的涨速、涨幅都是最大的，它是上升趋势的主升浪；而第 c 浪则是跌速、跌幅最大的浪，它是下跌趋势中的主跌浪。

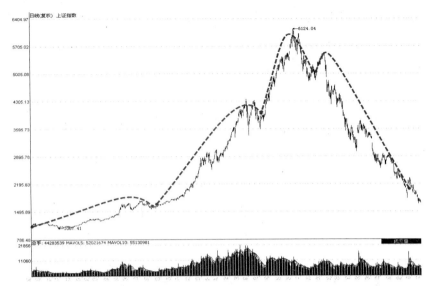

**图2-7　上证指数2005年8月至2008年10月期间走势图**

小提示

　　五升三降的运动方式看似容易理解，但由于大浪中有小浪、小浪中有细浪，因此使数浪变得相当繁杂和难以把握，再加上其推动浪和调整浪经常出现延伸浪等变化形态和复杂形态，使得对浪的准确划分变得更加困难，这两点构成了波浪理论实际运用的最大难点。

## 四、四条数浪原则

　　运用波浪理论的最大难点在于数浪，为了帮助投资者可以切实可行地利用此理论研判趋势运行情况，艾略特给出了以下四条数浪原则。

　　1.第3浪永远不会是前五浪中最短的一个

　　第3浪永远不会是前五浪中最短的一浪，在实际的走势中，第3浪是上升趋势中最具爆炸性的一浪，它的涨幅往往是最大的。这一原则可以帮助我们更好地辨识上升趋势的主升浪是否已经出现。

　　2.第4浪的浪底应高于第1浪的浪顶

　　第4浪出现在第3浪之后，由于第3浪的涨幅较大，第4浪即使回调幅度较深，它的浪底也不应低于第1浪的浪顶。这一原则可以帮助我们识别第4浪是否已经出现，当前的趋势运行状态是属于升势还是盘整趋势。

**3. 同方向的大浪，结构简单的与结构复杂的会交替出现**

这一原则属于补充性的原则，它虽然是或然性的，但出现的频率却是极高的。这一原则是说：第 1 浪、第 3 浪、第 5 浪、第 b 浪，其形态或者呈现为"简单、复杂、简单、复杂"，或者呈现为"复杂、简单、复杂、简单"；第 2 浪、第 4 浪、第 a 浪、第 c 浪，其形态或者呈现为"简单、复杂、简单、复杂"，或者呈现为"复杂、简单、复杂、简单"；这条补充规则能帮助投资者分析和预测股市的未来发展方向，从而把握住出入的时机。

**4. 1、3、5 浪中只有一浪延长，其他两浪长度和运行时间相似**

这一原则可以帮助我们更好地识别第 1 浪、第 3 浪、第 5 浪。

下面我们结合这四条数浪原则来看看上证指数的走势，上图 2-7 为上证指数 2005 年 8 月至 2008 年 10 月期间走势图，从这张走势图中可以看到，第 a 浪的形态相对简单，而第 c 浪的形态相对复杂；第 1 浪与第 5 浪的形态相对简单，而第 3 浪的形态则相对复杂；通过"数浪原则 3"，我们可以更好地划分这些浪。而且，第 3 浪的幅度最大、涨势最凌厉，这是"数浪原则 1"的反映。在第 1、3、5 浪中只有第 3 浪属于延长浪，这是"数浪原则 4"的反映。

**小提示**

四条数浪原则使得波浪理论的实际可操作性大大增强，这也使得这一理论不再枯燥、空洞，只要我们牢记这四条数浪原则，再结合市场的实际走势，就可以更好地识别趋势运行状态。

## 五、波浪理论的不完备处

波浪理论的最大缺陷在于其主观性太强，有时甲看是第一浪，乙看是第二浪，但"差之毫厘，谬以千里"，每一个应用波浪理论的人，包括艾略特本人，很多时候都会受一个问题的困扰，就是一个浪是否已经完成？另一个浪是否已经开始了？波浪理论有所谓伸展浪，有时五个浪可以伸展成九个浪。但在什么时候或者在什么准则之下波浪可以伸展呢？艾略特却没有明言，这使数浪的随意性较大。错误的划分每一浪其后果就是分析结论与实际走势的严重偏差。

此外，"五升三降"的规律是波浪理论的循环特点，但是在很多时候，股票市场的涨跌循环并不按五升三降这个模式机械出现，这使得投资者在运用波浪理论时往往无从着手、难以应付形态多变的股市走势。

另外一点值得我们注意的就是：波浪理论是一种研判股票市场走势规律的理论，并不适合用于研究个股。如果说道氏理论所阐述的趋势运行规律还可以完全地移植到个股的研判当中，那么，波浪理论显然是不适合移植的，波浪理论只有在分析股市走向时才能发挥威力，如果将其勉强套用于个股走势，则是牵强附会、难有效果。

# 第三节　趋势线——在支撑与阻力中识别趋势

● **本节要点**

1. 什么是趋势线

2. 上升趋势线的用法

3. 下降趋势线的用法

● **节前概述**

趋势线是指示趋势运行方向的一条直线，它是我们结合趋势的具体运行情况而画出来的，因此它的实盘操作性与指导性很强，是我们识别趋势、把握趋势时不可或缺的趋势分析工具之一。

## 一、什么是趋势线

趋势线主要用于指示上升趋势或下跌趋势，可以将其分为上升趋势线（用于指示上升趋势）与下降趋势线（用于指示下降趋势）。

| 上升趋势线 | 也可以称之为支撑线，将上升趋势波动运行中的两个相邻低点进行联结即可得到；其作用在于指出上升趋势中的支撑位置。 |
| --- | --- |

下降趋势线

> 也可以称之为阻力线，将下跌趋势波动运行中的两个相邻高点进行联结即可得到；其作用在于指出下跌趋势中的阻力位置。

上升趋势线的主要作用是指出支撑位置，下降趋势线的作用则是指出阻力位置，此外，在上升趋势中，我们也可以将相邻两个波动高点进行联结而得到一条直线，这样，这条直线就与上升趋势线构成了一个上升通道；反之，在下跌趋势中，我们也可以将相邻两个波动低点进行联结得到一条直线，它与下降趋势则构成了一个下降通道。透过上升通道与下降通道，我们就可以更好地把握价格走势了。

图 2-8 为华润锦华（000810）2008 年 12 月 22 日至 2009 年 8 月 13 日期间走势图，通过将此股波动过程中的相邻低点进行联结，我们可以得到上升趋势线，通过这一趋势线，我们可以更为清晰地识别出此股当前正处于上升趋势中。

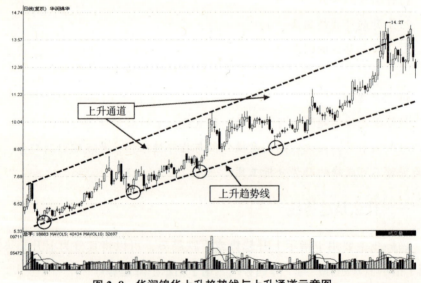

图 2-8　华润锦华上升趋势线与上升通道示意图

图 2-9 为陕西金叶（000812）2008 年 2 月 26 日至 11 月 6 日期间走势图，通过将此股波动过程中的相邻高点进行联结，我们可以得到下降趋势线，通过这一趋势线，我们可以更为清晰地识别出此股当前正处于下跌趋

势中。

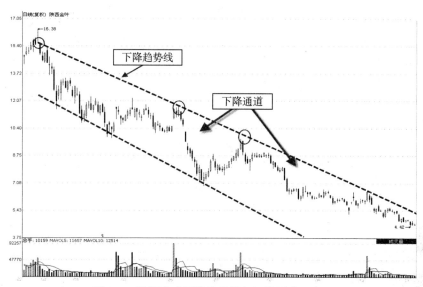

图 2-9 陕西金叶下降趋势线与下降通道示意图

小提示

在上升趋势中，我们更关注支撑位置，因而，上升趋势是通过联结支撑点而得到的；反之，在下跌趋势中，我们更关注阻力位置，因而，下降趋势线是通过联结阻力点而得到的。

## 二、上升趋势线的用法

在上升趋势中，我们可以从四方面着手关注上升趋势的用法：一是从趋势线所联结的点数来考察其可靠性，二是依据趋势的支撑作用而进行买股，三是从趋势线角度的转化把握住升势行进，四是关注趋势线被跌破后的趋势反转出现。

1. 从趋势线的联结的点数来考察其可靠性

趋势线是我们人为画出来的，它的主观性较强，检验上升趋势线是否可靠的一个重要标准就是上升趋势线所联结的点数。一般来说，上升趋势所联结的点数越多，则表明这条趋势线更可靠，它所呈现的支撑位置也更准确。

2. 依据趋势线的支撑作用进行买股

上升趋势线的作用在于指标支撑位置的变化情况，在上升趋势中，每当个股经一波回调至上升趋势线附近时，都会因买盘的涌入而再度步入升势，在实盘操作中，当个股回调至趋势线附近时，就是买股布局的好时机。

图 2-10 为佛山照明（000541）2008 年 10 月至 2010 年 5 月期间走势图，图中画出了此股的上升趋势线，可以看到，它共联结了五次波动低点，因此这是一条较为可靠的上升趋势线，每当个股经一波回调至上升趋势线附近时，都是我们阶段性低吸个股的好时机。

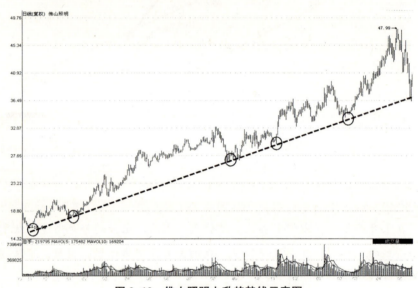

**图 2-10　佛山照明上升趋势线示意图**

3. 从趋势线的角度变化把握升势的行进

上升趋势的运行过程往往是一个由缓到急、由多方力量逐步积蓄到加速释放的过程，这体现在升势的行进过程中就是：上升趋势的运行角度往往有一个由平缓到陡峭的转化过程。这种趋势运行角度的转化自然也会体现在趋势线角度的转化上，可以说，趋势线的角度绝非是一成不变的，上升趋势线的角度也会经历由平缓到陡峭的转变，投资者应注意理解这种趋势线角度所发生的转变。

图 2-11 为云铝股份（000807）2008 年 9 月 19 日至 2009 年 8 月 11 日期间走势图，此股在整个上升趋势的推动过程中，其走势经历了由缓到急的转变，对应的上升趋势线角度也经历了由缓到陡的转变，如果我们以一成不变的方式来使用上升趋势线，势必难以正确地把握住趋势的运行情况。

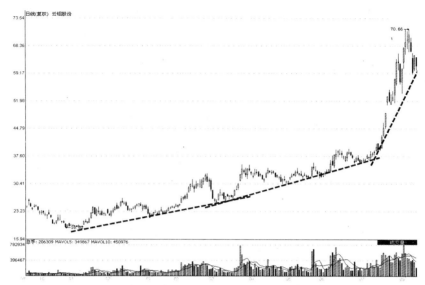

**图 2-11　云铝股份上升趋势线由缓到陡转化过程示意图**

图 2-12 为张裕 A（000869）2009 年 3 月至 2010 年 11 月期间走势图，此股在漫长的上升趋势推动过程中，随着多方力量的加速释放，其运行角度也经历了这种由缓至陡的过程，只有正确地理解上升趋势的这种转变过程，我们才能及时地调整思路、跟上市场节拍，从而在第一时间内准确地把握住升势的运行。

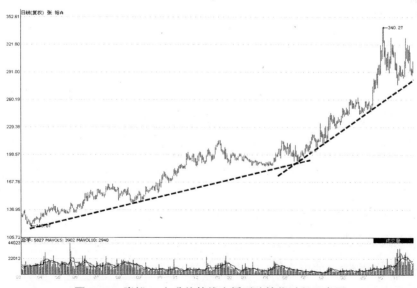

**图 2-12　张裕 A 上升趋势线由缓到陡转化过程示意图**

小提示

上升趋势的推动过程是一个由缓到急、由平缓到陡峭的过程，那么，当个股上涨角度较为陡峭而又累计涨幅较大时，我们就应留意升势的见顶了。

4. 关注趋势线被跌破后的趋势反转出现

上升趋势不可能一直运行下去，当股价不断高涨、场外买盘不足时，升势就会在获利盘的抛售下而进入顶部区，那么，当上升趋势即将反转时，我们是否可以依据趋势线来及时地把握它呢？答案是肯定的。

当上升趋势运行至尽头时，由于市场抛压的显著增强、买盘的无力承接，原有的支撑位置就会被跌破，但多空力量的转换有一个过程，上升趋势线被跌破并不意味着下跌趋势的快速展开，一般来说，随后还会有另外一条比较平缓的上升趋势线来撑住它，但原来被跌破的上升趋势线则会成为价格随后反弹上涨时的阻力线。如图 2-13 标示了上升趋势线转化为阻力线过程。

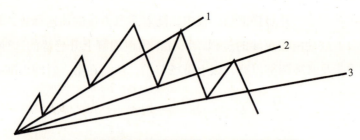

图 2-13　上升趋势线由支撑作用转为阻力作用示意图

图 2-14 为云南铜业（000878）2008 年 12 月至 2010 年 1 月期间走势图，此股在经历了长期的上涨之后，于高位区出现了上升趋势线被跌破的走势，随后我们可以看到，这根反映原有趋势运行状态的上升趋势线对随后的个股反弹构成了强力的阻挡，这说明升势临近末期，当前正是个股构筑中期顶部的时机，此时，我们应逢高卖股离场，以规避随后跌势出现所带来的巨大风险。

图 2-15 为同力水泥（000885）2008 年 9 月至 2010 年 5 月期间走势图，此股在大幅上涨后，原有的上升趋势线被有效跌破，随后，个股在高位区出现了长时间的横盘滞涨走势，此时，原有的上升趋势线对个股的反弹上涨构成了有力的阻挡，这说明多方力量已经不足以推升个股继续步入升势，此时

也是我们应卖股离场的时机。

图 2-14　云南铜业升势末期趋势线变化示意图

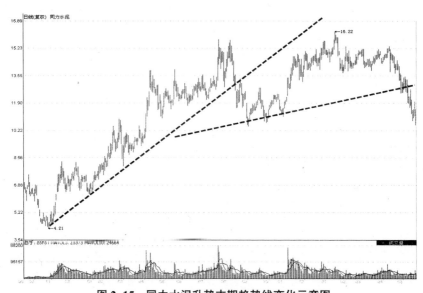

图 2-15　同力水泥升势末期趋势线变化示意图

**小提示**

上升趋势线由缓到陡是升势加速运行过程的体现，但是，上升趋势线由陡到缓则往往是升势见顶的体现，因为这意味着原有上升趋势线已被有效跌破，在实盘操作中，如果个股的上升趋势线于高位区被有效跌破，我们就不宜再进行中长线的持股待涨操作。

## 三、下降趋势线的用法

在下跌趋势中，我们可以从三方面着手关注下降趋势的用法，一是从趋势线所联结的点数来考察其可靠性，二是依据趋势的阻力作用而进行短线博取反弹行情时的卖股操作，三是关注趋势线在低位区被有效突破后所出现的趋势反转。

1. 从趋势线的联结的点数来考察其可靠性

一般来说，下降趋势所联结的点数越多，则表明这条趋势线更可靠，它所呈现的阻力位置也更准确。下面我们结合实例来看看上升趋势的用法。

2. 依据趋势的阻力作用而进行短线博取反弹行情时的卖股操作

下降趋势线的作用在于指标阻力位置的变化情况，在下跌趋势中，每当个股经一波反弹至下降趋势线附近时，都会因卖盘的涌出而再度步入跌势，在实盘操作中，当个股反弹至趋势线附近时，就是我们短线博取反弹时的卖股时机。

图2-16为中色股份（000758）2007年11月2日至2008年9月18日期间走势图，图中画出了此股的下降趋势线，可以看到，它共联结了三次波动

**图2-16 中色股份下降趋势线示意图**

高点，因此这是一条较为可靠的下降趋势线，每当个股经一波反弹至下降趋势线附近时，都是我们参与反弹行情时阶段性高抛个股的好时机。

小提示

下跌趋势中反弹的次数往往要明显地少于上升趋势中回调的次数，因此相对而言，下降趋势线所联结的点数要少于上升趋势线所联结的点数。

3. 关注趋势线被突破后的趋势反转出现

下跌趋势不可能一直运行下去，当股价不断下跌、卖盘不足时，跌势就会在抄底买盘的涌入下而进入底部区，那么，当下跌趋势即将反转时，我们是否可以依据趋势线来及时地把握它呢？答案是肯定的。

当下跌趋势运行至尽头时，由于市场承接力的显著增强、做空力量的不足，原有下降趋势线的阻力位就会被有效突破，但多空力量的转换有一个过程，下降趋势线被突破并不意味着上升趋势的快速展开，一般来说，随后还会有另外一条角度比较平缓的下降趋势线来阻挡价格上扬，但原来的被突破的下降趋势线则会成为价格随后下跌回调时的支撑线，图 2-17 标示了下降趋势线转化为支撑线的过程。

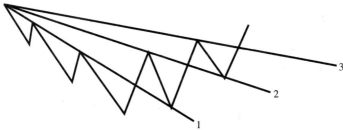

**图 2-17 下降趋势线由阻力作用转为支撑作用示意图**

图 2-18 为西藏矿业（000762）2007 年 9 月至 2009 年 4 月期间走势图，此股在经历了长期的下跌之后，于低位区出现了下降趋势线被有效突破的走势，这也同时意味着大量买盘资金的快速涌入，是趋势见底回升的信号，同时，也是趋势反转的预示，此时，我们应及时转变思路，对个股进行买入布局操作。

图 2-18　西藏矿业跌势末期趋势线变化示意图

小提示

　　下降趋势线被有效突破后，个股是否能快速地反转上行，既与当时的市场环境有关，也与个股的题材面有关，如果市场环境明显回暖、个股题材火热，则在原有的下降趋势线被有效突破后，个股急速反转上行的概率就要大大增强。

# 第四节　均线——关注市场平均持仓成本的变化

● 本节要点

1. 什么是移动平均线

2. 辨识上升趋势

3. 把握升势见顶

4. 辨识下跌趋势

5. 把握跌势见底

6. 均线下的波段操作

● 节前概述

在识别趋势运行状态的所有技术分析工具中，移动平均线无疑是使用率最高、实战性最强的一种，移动平均线可以十分准确地反映趋势运行的状态并提前预示出趋势即将出现的反转。下面我们就来分别看看如何利用均线来研判趋势的运行。

## 一、什么是移动平均线

移动平均线

移动平均线理论（Moving Arerage，MA）以道·琼斯的"平均成本概念"为基础，运用统计学原理，将一段时期内的股票价格平均值连成曲线，用来显示股价的历史波动情况，进而反映股价指数未来发展趋势的技术分析方法。

移动平均线的主要作用在于反映市场平均持仓成本的变化情况，一般来说，价格的运行趋势主要取决于两点：一是市场平均持仓成本及其变化情况；二是场外投资者的买卖意愿，两者各对价格走势有 50%的影响力。

移动平均线 MA 可以直观形象地体现出市场平均持仓成本的变化情况，此时，我们再结合场内外的交投气氛、投资者买卖意愿等因素，就可以准确地把握住趋势运行情况了。

在实际计算中，移动平均线通过计算相应时间周期内收盘价平均值的变化情况来得出市场平均持仓成本的变化情况。下面以 $C_n$ 来代表第 n 日的收盘价，以时间长度为 5 日均线 MA5 为例说明计算方法：第 n 日的 5 日均线 MA5 在当日的数值为：

$$MA5(n) = (C_n + C_{n-1} + C_{n-2} + C_{n-3} + C_{n-4}) \div 5$$

将每一日这些数值连成曲线，便得到了我们经常见到的移动平均线，移动平均线通常有 5 日、10 日、20 日、40 日、60 日、120 日、240 日等，其目的在于取得某一段期间的平均成本，用以研判价格的可能变化。一般来说，现行价格在平均价之上，意味着市场买力（需求）较大，行情看好；反之，行情价在平均价之下，则意味着供过于求，卖压显然较重，行情看淡。

小提示

　　移动平均线是最为重要的趋势分析工具，无论是对于移动平均线的原理，还是它的用法，我们都应展开深入的学习，并熟练地掌握其基本用法。在实际运用中，我们一般以 MA5 作为短期均线、MA30 作为中期均线、MA60 作为中长期均线，并以它们的不同运行形态来识别趋势、把握趋势。

## 二、辨识上升趋势

　　上升趋势是一个市场平均持仓成本不断升高的运动过程，而且，随着价格的不断走高，周期相对较短的均线会运行于周期相对较长的均线上方，这种均线排列形态可以称之为多头形态，它是移动平均线对于上升趋势的直观反映。

　　图 2-19 为通化金马（000766）2008 年 11 月至 2009 年 12 月期间走势图，图中由细到粗的四根均线分别为 MA5、MA10、MA30、MA60，此股在经底部震荡之后开始步入升势，此时，我们可以看到周期长短不一的均线系统呈现出了明显的多头排列形态，这正是移动平均线对于上升趋势的直观反映，此时，我们应积极地持股待涨，以分享升势所创造的巨额利润。

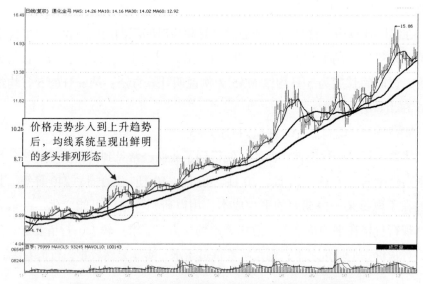

图 2-19　通化金马上升趋势中均线多头排列形态示意图

　　升势不可能四平八稳地一直以持续上扬的走势呈现出来，在上升趋势中总有部分时间段是震荡整理或是回调，此时，均线的多头排列形态会受到一定的破坏，周期长短不一的均线往往会黏合在一起，但只要代表着价格中长期走向的 MA60 依旧保持着稳健的攀升势头，就说明多方力量依旧充足、升势仍未终止。

　　图 2-20 为赣能股份（000899）2008 年 11 月至 2009 年 10 月期间走势图，如图中标注所示，此股在上升途中因持续的震荡，使得多头排列形态不再鲜明，但 MA60 却仍在稳健攀升，这说明升势仍在持续，我们仍应持股待涨。

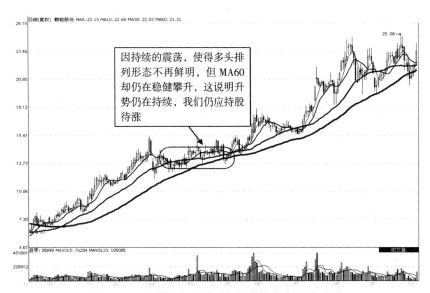

因持续的震荡，使得多头排列形态不再鲜明，但 MA60 却仍在稳健攀升，这说明升势仍在持续，我们仍应持股待涨

**图 2-20　赣能股份上升途中均线黏合形态示意图**

小提示

　　上升途中的多头排列形态、黏合形态往往会交替出现，它们是价格涨涨停停这种走势的表现，在实盘操作中，我们可以重点关注代表着价格中长期走势的 MA60 是否依然在稳健上扬，只要 MA60 依旧保持着稳健上扬的势头，就是升势仍在持续的标志。

### 三、把握升势见顶

当上升趋势经长时间运行而步入顶部区后，此时，因价格滞涨震荡走势的出现，原有的多头排列形态会彻底消失，均线系统转而变为横向缠绕形态，且中长期均线 MA60 会走平且有下移迹象，此时，我们应逢高卖股离场，以规避顶部区的风险所在。

图 2-21 为中国软件（600536）2008 年 12 月至 2010 年 1 月期间走势图，此股在经历了大幅上涨后，于高位区出现了均线横向缠绕形态，且 MA60 走平、下移，这是市场进入顶部区的表现，此时，我们应逢高卖股离场。

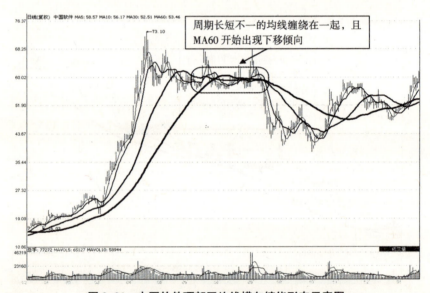

图 2-21　中国软件顶部区均线横向缠绕形态示意图

在持续上涨后的高位区，如果个股长时间地停留于 MA60 下方，说明市场抛压极重，如果个股前期累计涨幅较大，则这十之八九是市场见顶的信号，我们不宜再恋战，而应尽早卖股离场。

### 四、辨识下跌趋势

下跌趋势是一个市场平均持仓成本不断降低的运动过程，而且，随着价格的不断走低，周期相对较短的均线会运行于周期相对较长的均线下方，这种均线排列形态可以称为空头形态，它是移动平均线对于下跌趋势的直观反映。

图 2-22 为云内动力（000803）2007 年 9 月 14 日至 2008 年 10 月 30 日期间走势图，图中由细到粗的四根均线分别为 MA5、MA10、MA30、MA60，此股在经顶部震荡之后开始步入跌势，此时，我们可以看到周期长短不一的均线系统呈现出了明显的空头排列形态，这正是移动平均线对于下跌趋势的直观反映，此时，我们应积极地持币观望，不可盲目地抄底入场。

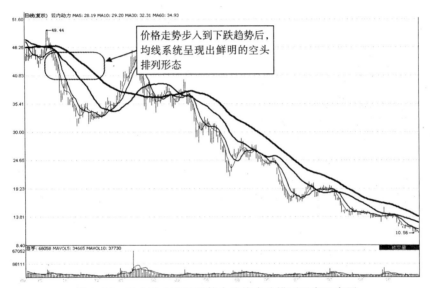

**图 2-22　云内动力下跌趋势中均线空头排列形态示意图**

跌势在持续运行过程中，往往会在跌途中出现整理走势或反弹走势，此时，均线的空头排列形态会受到一定的破坏，周期长短不一的均线往往会黏合在一起，但只要代表着价格中长期走向的 MA60 依旧保持着向下的势头，就说明空方力量依旧充足、跌势仍未终止。

图 2-23 为数源科技（000909）2008 年 3 月 4 日至 11 月 13 日期间走势图，如图中标注所示，此股在下跌途中因整理走势的出现，使得其空头排列形态不再鲜明，但 MA60 却仍在持续下行，这说明跌势仍在持续，此时我们仍应持币观望。

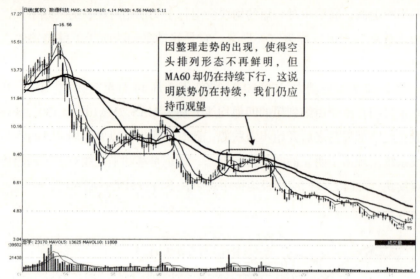

图 2-23　数源科技下跌途中均线黏合形态示意图

　　下跌途中的空头排列形态、黏合形态往往会交替出现，它们是价格跌跌停停这种运行状况的表现，在实盘操作中，我们可以重点关注代表着价格中长期走势的MA60是否依然在持续下行，只要MA60依旧保持着持续下行的势头，就是跌势仍在持续的标志。

## 五、把握跌势见底

　　当下跌趋势经长时间运行而步入底部区后，此时，因价格止跌企稳走势的出现，原有的空头排列形态会彻底消失，均线系统转而会变为横向缠绕形态，且中长期均线MA60会走平且有上移迹象，此时，我们应逢低买股布局。

　　图 2-24 为钱江摩托（000913）2008 年 3 月 14 日至 2009 年 2 月 5 日期间走势图，此股在经历了漫长的下跌之后，于低位区出现了止跌企稳的走势，此时，周期长短不一的均线开始横向缠绕在一起，且MA60走平、上移，这是跌势见底的信号。

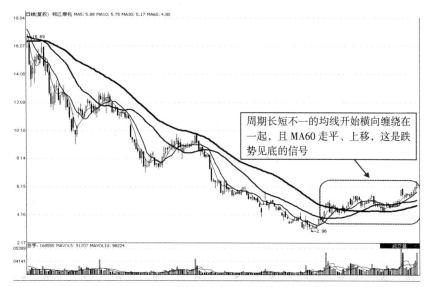

图 2-24　钱江摩托底部区均线缠绕形态示意图

　　在持续下跌后的低位区，如果个股长时间地停留于 MA60 上方，就说明市场承接力量较强，如果个股的前期累计跌幅较大，则这是其进入底部区的可靠保证。

## 六、均线下的波段操作

　　移动平均线不仅可以帮助我们很好地辨识、把握趋势，它同样可以指导我们的短线买卖。在短线操作中，我们可以利用短期均线与中长期均线之间的"分离—聚合—再分离"的特性展开操作。下面我们来看看这种"分离—聚合—再分离"的特性是如何具体体现在趋势运行之中的。

　　1. 上升趋势中，短期均线快速远离中长期均线后的卖股时机

　　在上升趋势中，个股经一波快速上涨而使得短期均线向上快速运行并明显远离中长期均线后，如果短期均线有走平迹象，则此时可以作为我们短线高抛个股的时机。这一短线卖股的原理是：中长期均线代表了市场更为认可的理性价位，当个股经短期非理性因素而快速上涨后，势必会有再度向下靠拢中长期均线的倾向。

　　图 2-25 为法拉电子（600563）2009 年 10 月 13 日至 2010 年 7 月 2 日期

间走势图，此股在上升途中出现了一波快速上涨走势，这使得短期均线 MA5
向上快速地远离了中长期的均线 MA60，如图中标注所示，当 MA5 开始走平
时，此时就是我们短线卖股的好时机。

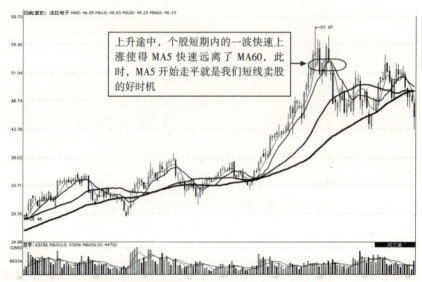

图 2-25　法拉电子上升途中均线卖股时机示意图

2. 上升趋势中，短期均线向下靠拢中长期均线后的买股时机

在上升趋势中，个股经一波回调走势，从而使得短期均线向下靠拢至中
长期均线附近，此时，可以作为我们在上升途中逢低买股的时机。这一短线
买股的原理是：中长期均线是市场中长期平均持仓成本的体现，它对个股上
升具有很强的支撑作用，当个股经一波回调至中长期均线附近时，势必会引
发买盘资金的涌入，从而推升个股上涨。

图 2-26 为紫江企业（600210）2009 年 3 月 25 日至 12 月 9 日期间走势
图，如图标注所示，此股在上升途中出现了一波明显的回调走势，这使得个
股的短期均线 MA5 向下靠拢至中长期均线 MA60 附近，此时，就是我们在
上升途中逢阶段性低点买股的好时机。

3. 下跌趋势中，短期均线快速远离中长期均线后的买股时机

在下跌趋势中，个股经一波快速下跌而使得短期均线向下快速运行并明
显远离中长期均线后，如果短期均线有走平、企稳迹象，则此时可以作为我
们在下跌途中博取反弹行情时的短线买股时机。这一短线买股的原理是：中

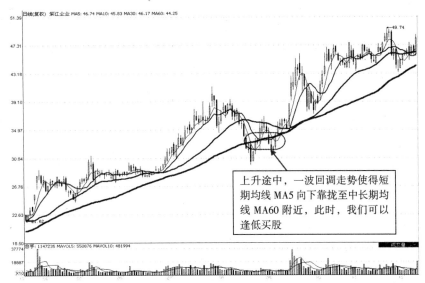

图 2-26　紫江企业上升途中均线买股时机示意图

长期均线代表了市场更为认可的理性价位，当个股经短期非理性因素而快速下跌后，由于短期内市场处于明显的超卖状态，因此只需少量的买盘资金即可促成一波反弹上涨走势出现。

图 2-27 为海信电器（600060）2008 年 2 月 14 日至 8 月 19 日期间走势图，此股在下跌途中因短期内的一波快速下跌走势而使得 MA5 远离 MA60，如图中标注所示，当 MA5 开始企稳走平时，就是我们博取反弹行情的短线买股时机。

4. 下跌趋势中，短期均线向上靠拢中长期均线后的卖股时机

在下跌趋势中，个股经一波反弹走势，从而使得短期均线向上靠拢至中长期均线附近，此时，可以作为我们在下跌途中博取反弹行情中的卖股时机。这一短线卖股的原理是：中长期均线是市场中长期平均持仓成本的体现，当个股经一波反弹至中长期均线附近时，势必会引发较多的解套抛盘离场，从而促使个股再度步入跌势。

图 2-28 为泸州老窖（000568）2008 年 3 月 13 日至 9 月 10 日期间走势图，此股在步入下跌趋势后，屡次出现反弹走势，但是每当股价反弹至 MA60 附近时，都会在抛盘的涌出下而再度步入到跌势当中，因此当个股反弹至 MA60 附近时，就是我们在下跌途中博取反弹行情时的短线卖股时机。

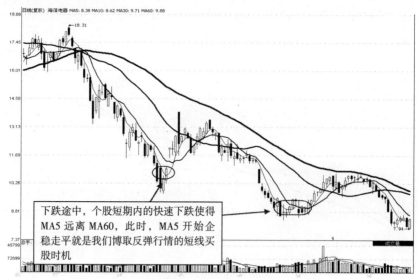

下跌途中，个股短期内的快速下跌使得 MA5 远离 MA60，此时，MA5 开始企稳走平就是我们博取反弹行情的短线买股时机

图 2-27　海信电器下跌途中均线买股时机示意图

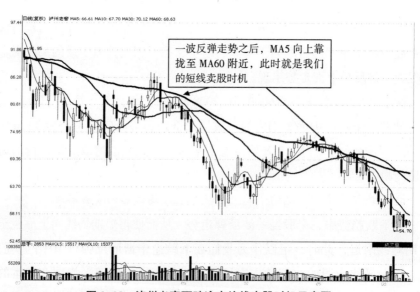

一波反弹走势之后，MA5 向上靠拢至 MA60 附近，此时就是我们的短线卖股时机

图 2-28　泸州老窖下跌途中均线卖股时机示意图

小提示

在以上的实例讲解中，我们可以用 MA5 来代表短期均线、用 MA60 代表中期均线，但在实盘中，MA30 的支撑作用、阻力作用同样重要，有的时候，个股往往在回调至 MA30 附近时就再度上扬（上升趋势中）或是反弹至

MA30 附近时就再度下跌（下跌趋势中），因此我们需结合具体的实际情况，既要关注 MA60，也要关注 MA30。

# 第五节　趋势演变过程中的量能变化规律

## ● 本节要点

1. 底部区的量能特征

2. 上升途中的量能特征

3. 见顶前的量能特征

4. 顶部区的量能特征

5. 下跌途中的量能特征

## ● 节前概述

成交量作为最重要的技术分析数据，在趋势行进过程中的不同环节，它也会以一些典型的形态呈现出来，透过量能形态的特征，再结合价格走势，我们就可以用量能变化的角度来识别趋势、把握趋势了。

## 一、底部区的量能特征

底部区是一个多方力量会聚的区域，只有多方在底部区很好、很充分地会聚了能量，市场才能在随后出现较大的上涨行情。在底部区，筹码只有经过了充分的换手，才会不断地落入坚定看多做多的多方手中。

一般来说，底部区有放量与不放量两种形态，其中，放量的底部区更为常见，构筑时间也相对较短，"放量"说明买盘正在积极涌入，也是多方力量快速会聚的信号。

图 2-29 为江南红箭（000519）2008 年 3 月 6 日至 2009 年 2 月 4 日期间走势图，此股在经历了长期深幅的下跌之后，在深幅下跌后的低位区，出现了企稳回升的走势，且同期的成交量明显放大，这是买盘资金加速涌入的表现，也是个股进入底部区的体现。

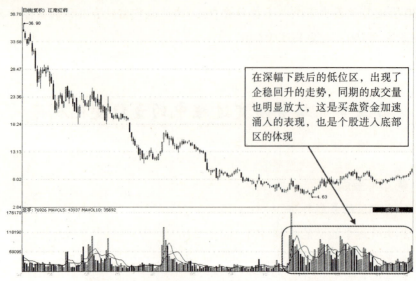

在深幅下跌后的低位区，出现了企稳回升的走势，同期的成交量也明显放大，这是买盘资金加速涌入的表现，也是个股进入底部区的体现

**图 2-29　江南红箭底部区量能放大形态示意图**

## 二、上升途中的量能特征

当市场或个股步入到明确的上升趋势中后，这是一个多方占据明显主导地位、场外买盘资金十分充足的市况，正是由于买盘资金的加速涌入，才能使得市场或个股在不断涌出的获利抛压下而节节上涨，这种市况往往会通过"量价齐升"的形态得以体现。

上升途中典型的量能特征就是"量价齐升"形态，即随着价格走势的不断创出新高，量能的大小也随之同步创出新高。

图 2-30 为长航凤凰（000520）2006 年 11 月至 2007 年 8 月期间走势图，此股在步入升势后，其量能的大小是随着价格的攀升而不断放大的，这就是上升途中的典型量能形态——量价齐升。

## 三、见顶前的量能特征

在见顶之前，虽然买盘资金已开始不足，但由于上升的"惯性"仍在，因此个股往往会在并不充足的买盘推动下而再度创出新高，此时，量能会出现相对缩小（相对于前期主升浪时的量能大小而言），这种价创新高、量却相对萎缩的形态称为上升途中的量价背离形态，它是预示着升势见顶的典型形态。

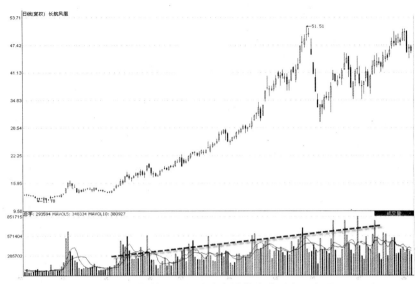

图 2-30 长航凤凰上升途中量价齐升形态示意图

图 2-31 为华夏银行（600015）2006 年 8 月至 2007 年 10 月期间走势图，此股在大幅上涨后的高位区，出现了量价背离形态，这是买盘资金开始趋于枯竭的表现，也是升势即将见顶的信号。

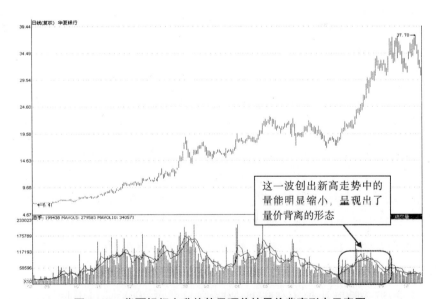

这一波创出新高走势中的量能明显缩小，呈现出了量价背离的形态

图 2-31 华夏银行上升趋势见顶前的量价背离形态示意图

## 四、顶部区的量能特征

顶部区是多空力量开始互相转化的区域，由于多方的无力推升、持股者的犹豫不决等因素，使得多空分歧趋于平缓，因此此时的量能形态会继续萎缩，呈现出顶部区的滞涨缩量形态。

图2-32为华海药业（600521）2009年8月11日至2010年7月2日期间走势图，如图标注所示，此股在大幅上涨后的高位区出现了震荡滞涨的走势，此时，个股量能明显萎缩，这是此股进入顶部区的信号。

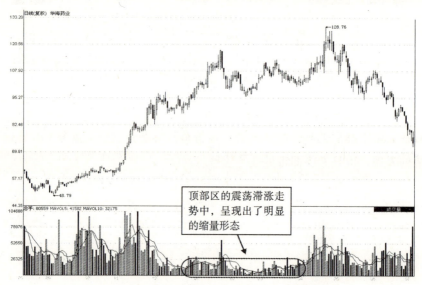

图2-32　华海药业顶部区缩量形态示意图

## 五、下跌途中的量能特征

涨时放量，是因为要有足够的买盘来承接获利抛压，跌时则无须放量，是因为只要买盘无意入场，即使少量的抛压也足以使股价不断下跌。可以说，"涨时放量，跌时缩量"是一种常态，这也体现在价格的下跌途中。在下跌途中，明显萎缩的量能是个股或市场正运行于跌势中的典型特征。

图2-33为长城开发（000021）2007年2月至2008年11月期间走势图，如图标注所示，当个股经由顶部震荡步入到下跌趋势中后，可以看到成交量出现了明显的缩小（相对于前期升势及顶部震荡区的量能大小而言），可以

说，"缩量"正是个股在下跌途中的典型量能形态。

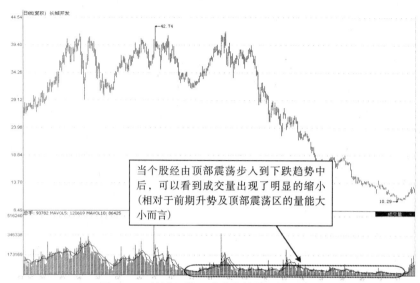

当个股经由顶部震荡步入到下跌趋势中后，可以看到成交量出现了明显的缩小（相对于前期升势及顶部震荡区的量能大小而言）

**图 2–33 长城开发下跌途中缩量形态示意图**

小提示

本节中所列出的量能形态只是趋势运行各环节中比较典型的量能形态，它们在趋势运行中虽有着较高的出现概率，但却并不必然出现，在实盘分析中，我们仍需结合个股的情况来具体分析。

## 第六节 周K线——识别趋势的偏门绝招

● **本节要点**

1. K线的构成方式

2. 什么是周K线

3. 用周K线识别升势

4. 顶部区的周K线形态

5. 用周K线识别跌势

6. 底部区的周K线形态

● 节前概述

K 线不仅仅是一种价格走势的反映图形，它更是市场多空力量对比情况的最前沿窗口，其中，周 K 线的时间跨度不长不短，正好可以完善地反映出市场中多空力量整体性对比情况，在识别趋势、把握趋势中，是我们不可或缺的重要工具。

## 一、K 线的构成方式

K 线图是一种用来表示价格走势的图表类型，也可以称为阴阳烛、阴阳线、棒线、蜡烛图、日本线等。K 线起源于 18 世纪中叶日本德川幕府时代，起初是一种用于记录米价涨跌图表，1990 年，美国人史蒂夫·尼森以《阴线阳线》一书向西方金融界引进"日本 K 线图"，立即引起轰动，史蒂夫·尼森因此而被西方金融界誉为"K 线之父"，因为英文 candle（蜡烛）前面的"c"发"k"的音，故称为 K 线图。

> **K 线** ⟹ 每一根 K 线可以通过四个价位信息绘制出来（即开盘价、收盘价、最低价、最高价），在表现形态上，K 线是一条柱状的线条，它由上影线、实体、下影线三部分构成。开盘价与收盘价之间的矩形为实体，实体上部的竖线为上影线，实体下部的竖线为下影线。

如果当日的收盘价高于开盘价，则表明其在全天的走势中处于上涨状态，此时的 K 线称之为阳线，多用红颜色来表示；如果当日的收盘价低于开盘价，则表明其在全天的走势中处于下跌状态，此时的 K 线称之为阴线。如图 2-34 为 K 线形态构成示意图。

在理解单根 K 线时，实体与影线的长短是我们分析的重点所在。实体，它是多空双方交锋结果的体现，阳线实体越长，则说明多方的战果越大，阴线实体越长，则说明空方的战果越大。影线则是多空双方盘中交锋情况的体现，长长的上影线，既是多方曾于盘中发起过攻击的信号，也是空方逢高大力抛售的标志；长长的下影线，既是空方曾于盘中大力打压的标志，也是多方逢低强力承接的标志。至于影线具体体现的是多方力量更强还是空方力量更强，我们则需结合个股的阶段性走势情况来综合分析。

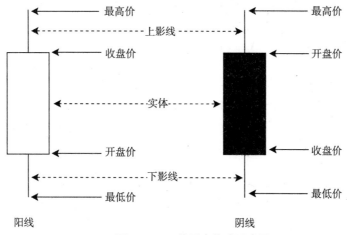

图 2-34　K 线形态构成示意图

K 线图具有直观、立体感强、携带信息量大等特点，通过 K 线图，我们能够清晰地了解到价格的走势情况，而且，K 线还能够将多空双方的盘中交投情况直观地体现出来，在价格运行的不同区域，特征鲜明的 K 线形态可以很好地反映出多空力量的转化情况、对比情况，是我们把握价格走势的重要工具，结合价格走势特征并识别典型的 K 线形态也是我们学习 K 线时的重点所在。

## 二、什么是周 K 线

**周 K 线**

单根 K 线可以依据其计算周期分为分钟 K 线、日 K 线、周 K 线、月 K 线、年 K 线；周 K 线就是以每周第一个交易日的开盘价作为这根周 K 线的开盘价，以每周最后一个交易日的收盘价作为这根周 K 线的收盘价，以全周的最高价、最低价作为这根周 K 线的最高价与最低价，以此方式，即可绘制出当周的周 K 线。

周 K 线之所以可以很好地反映出趋势运行情况，是因为周 K 线的时间长度恰到好处，既可以有效地过滤掉价格走势中的偶然性波动，也可以及时地反映出价格的走向，从而使我们更为清晰地看清多空力量的整体性对比情

— 71 —

况，从而在一个中长线的尺度上把握好趋势运行情况。

小提示

个股或市场在某一个交易日中的走势往往容易受一些偶然性因素的影响，这使得日K线的波动起伏往往较大，难以使我们看清价格的总体走向，但周K线却不同，它以周一的开盘价为起点，以周五的收盘价为终点，既可以有效地过滤掉市场中的偶然性波动，也能够清晰地展现出趋势的行进方向。

## 三、用周K线识别升势

我们知道，一旦市场运行形成明显的升跌趋势，就意味着多空双方中的某一方已开始占据了明显的主导地位，短时间内无法一下子改变，因此通过周K线我们可以对市场当前的多空双方力量对比情况有一个更好的认识。

在整个上升趋势运行过程中，市场会一直处在多方力量整体上强于空方力量的状态下，在这种市况下，多空双方经过一周的交锋之后，一般来说，多方会取得一定的胜果，这就体现在周K线的阳线形态上。其实，上升趋势正是以周K线的连续小阳线及经常性的大阳线作为主要标志的。

图2-35为西部资源（600139）2008年9月至2009年10月期间周K线走势图，如图所示，此股在步入上升趋势后，其周K线是以连续的小阳线和经常性的大阳线为主基调的，而且其中很少有阴线形态出现，这正是周K线对于上升趋势的直观体现。

## 四、顶部区的周K线形态

当股市或个股经长时间上涨而进入高位区后，由于多方力量不再占有明显的主导地位，此时，周K线在形态上往往会因空方在单周内的大力抛售而出现大阴线形态，或是因为空方在长时间内占据一定优势而出现连续的小阴线形态，同时，价格走势也会呈现出震荡滞涨，这是市场进入顶部区的标志。

图2-36为三佳科技（600520）2008年11月至2010年4月期间周K线走势图，此股在大幅上涨后步入高位区，此时，周K线开始出现连续的中小阴线及偶然性的大阴线，同期的价格走势也呈现了震荡滞涨的形态，这是个股进入顶部区的标志。

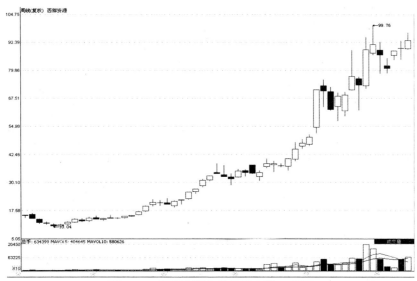

图 2-35  西部资源上升趋势中周 K 线图

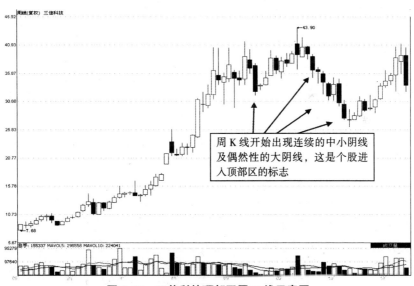

周 K 线开始出现连续的中小阴线及偶然性的大阴线，这是个股进入顶部区的标志

图 2-36  三佳科技顶部区周 K 线示意图

## 五、用周 K 线识别跌势

在整个下跌趋势运行过程中，市场会一直处在空方力量整体上强于多方力量的状态下，在这种市况下，多空双方经一周的交锋之后，一般来说，空方会取得一定的胜果，这就体现在周 K 线的阴线形态上。其实，下跌趋势正

是以周 K 线的连续小阴线及经常性的大阴线作为主要标志的。

图 2-37 为吉恩镍业（600432）2007 年 10 月至 2008 年 10 月期间周 K 线走势图，此股在经历了顶部区的震荡之后开始步入到下跌趋势中，在整个下跌趋势中，我们可以看到它是以经常性的大阴线和连续的中小阴线作为主基调的，这也是周 K 线在形态上对于下跌趋势的直观反映。

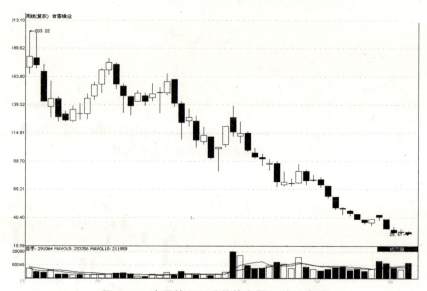

**图 2-37　吉恩镍业下跌趋势中周 K 线示意图**

## 六、底部区的周 K 线形态

当股市或个股经过长时间的下跌而进入低位区后，由于空方力量不再占有明显的主导地位，此时，周 K 线在形态上往往会因多方在单周内的大力反攻而出现大阳线形态，或是因为多方力量长时间的加速涌入而出现连续的中小阳线形态，同时，价格走势也会呈现出企稳回升的态势，这是市场进入底部区的标志。

图 2-38 为国阳新能（600538）2008 年 1 月至 2009 年 2 月期间周 K 线走势图，此股在大幅下跌后进入低位区，此时，周 K 线开始出现连续的中小阳线及偶然性的大阳线，同期的价格走势也呈现出了企稳回升的态势，这是个股进入底部区的标志。

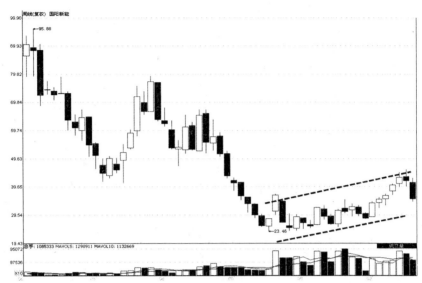

**图 2-38 国阳新能底部区周 K 线示意图**

小提示

　　周 K 线可以帮助我们准确地识别出一轮趋势运行过程中的四个重要环节，它们分别是底部区、上升途中、顶部区、下跌途中。

# 第三章　个股不同，涨跌方式不同

　　不同类型的个股，因其股性活跃度不同、参与主体不同等因素，往往有截然不同的涨跌方式，了解个股类型是我们进行技术分析时的必备前提之一，只有更好地了解了个股的类型，我们才能将技术分析的功用完善地发挥出来。本章中，我们将从具体的个股着手，看看如何利用技术分析来把握不同类型股的走势。

## 第一节　在技术分析视角下把握个股类型

### ● 本节要点

1. 如何对个股进行分类

2. 大盘股与中小盘股

3. 区域股与行业股（板块划分法）

4. 蓝筹股、成长股、垃圾股

5. 题材股与冷门股

6. 肉股与黑马股

7. 庄股与散户股

### ● 节前概述

　　为了更好地发挥技术分析的功用，了解个股的类型是至关重要的一个步骤，不同类型的个股，在相同的市场环境下，其走势往往是迥然不同的。如果说通用的技术分析方法是一种宏观的方法论的话，那么在实盘操作中，了解个股的类型则会使我们的分析更加具体化、细致化，这样所得出的分析结论就会更为精准。

## 一、如何对个股进行分类

沪深两市有几千只股票，但它们绝非是"一盘散沙"，只要我们改变一下视角，就会发现很多个股之间存在着紧密的联系，它们往往会因同一个标准而被划入某一类型的股票范围之中，而且它们在股价走势上也存在着极大的相似性。那么，这数以千计的个股是如何被有序地组织在不同的框架内呢？或者，我们也可以换一种说法，我们要依据什么样的标准来对这数以千计的个股进行划分呢？

个股分类标准

也可以称之为划分个股时的"依据"，个股分类标准可以按区域、股本大小、业绩情况、行业类别、有无题材、走势特征、筹码分布状态等进行划分；其中，"区域、股本大小、业绩情况、行业类别"这四个标准较为明确，它们是我们理解个股类型时最为重要的依据。

**小提示**

依据其中的任何一个标准，我们都可以对全体的个股进行一次划分，例如：依据股本大小，我们可以将全体个股划分为四个级别：超级大盘股、大盘股、中盘股、小盘股。

## 二、大盘股与中小盘股

"大盘股"、"中盘股"、"小盘股"这种说法是以个股的股本大小作为划分标准的，一般来说，何为大盘股、何为中小盘股并没有一个绝对的标准，依据国内股市中的个股股本大小情况，我们可以将总股本超过100亿元的称为超级大盘股，像工商银行、农业银行、中国石油其总股本都达到千亿元的级别，而像中国石化这种总股本在860亿元的个股也同样可以称之为超级大盘股。

超级大盘股是股市中的定海神针，它们的走势也往往较为相似，入驻这类个股的多为一些实力强大的公募型主力资金，如基金、券商、社保，这一方面是因为这种超级大盘股盘子极大，可以使这些资金实力极大的主力方便进出，另一方面也是因为这类个股多属于同行业上市公司中的佼佼者、业绩有保障，这比较符合这类大型公募资金的投资理念。

　　但是，超级大盘股由于盘子太大、所入驻的主力数量过多，因此由于意见分散、行动不统一，这类个股在没有业绩高速增长的带动下，单凭二级市场中买盘的推动是很难跑赢大市的。

　　图3-1为中国石油2010年1月至12月期间走势图，图中又叠加了同期的上证指数走势。此股是一只超级大盘股，在2010年的净利润增长率超过了20%，而且，2010年还是国际原油价格节节攀升的年份，这对市场的未来发展构成明显的利好；此外，在国内外通货膨胀加剧的背景下，资源类上市已成为市场追涨的热点，但即使有业绩增长、有预期利好、有热点支撑。但由于此股盘子太大，它的走势也并没有强于大盘，反而是偏弱于大盘。我们可以换个角度想一下，如果此股没有这些利好支撑，那么，它的走势应是远不如大盘的。"个股走势往往难于跑赢大盘"，这正是超级大盘股的软肋所在。

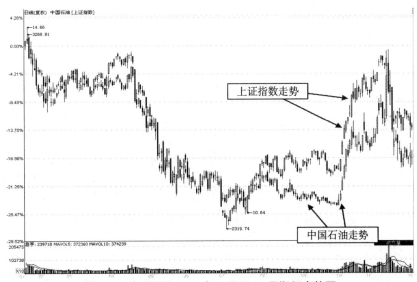

**图3-1　中国石油2010年1月至12月期间走势图**

我们可以将总股本在100亿元至50亿元之间的股票称为大盘股，将50

亿元至 10 亿元之间的称为中盘股，将 10 亿元至 5 亿元之间的称为小盘股，将 5 亿元以下的称为袖珍小盘股。当然，这种划分只是为了方便理解，是一种模糊的划分，并没有一个绝对的标准。

原则上来说，盘子越小则其股性就会越活，在国内的股票市场中，情况也的确如此，以笔者撰稿时的 2010 年年末为例，此时的大盘股特别是超级大盘股，其平均市盈率不会超过 20 倍，而小盘股的平均市盈率则超过了 30 倍；可以说，股本越小的个股，其享受的估值状态也越高，而且在市场环境回暖时，其走势也往往是远远高于同期市场平均上涨幅度。

图 3-2 为盘江股份（600395）2008 年 10 月至 2009 年 12 月期间走势图，图中叠加了同期的上证指数走势，此股在此期间并没有什么炙手可热的炒作题材，它仅仅是一只盘子相对较小（总股本只有 11 亿元）的煤炭资源类的绩优股，但是它在这一年多的时间里，其涨势是远远强于同期大盘的，这与其"盘小身轻"的特点是密不可分的。

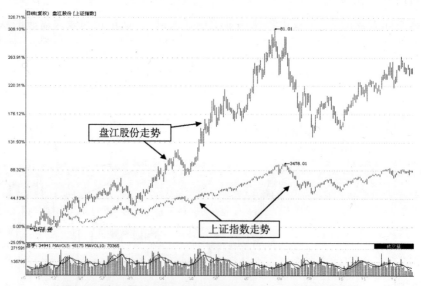

图 3-2　盘江股份 2008 年 10 月至 2009 年 12 月期间走势图

小提示

大盘股因所容纳资金量过大，想要撬动它就需要更多的资金达成共识，但这需要极好的市场环境来实现，因此在实盘操作中，我们更应关注那些盘子相对较小的个股，这类个股可以为我们带来更为丰厚的收益。依据其中的任何一个标准，我们都可以对全体的个股进行一次划分，例如，依据股本大小，我们可以将全体个股划分为四个级别：超级大盘股、大盘股、中盘股、小盘股。

## 三、区域股与行业股（板块划分法）

以上市公司所处区域为标准，我们可以将全体个股分为上海股、北京股、新疆股、西藏股……以上市公司所属的行业为标准，我们可以将全体个股分为银行股、电力股、基建股、煤炭石油股、券商股……"区域"、"行业"这两个标准也是我们划分板块时的依据。

板块 ➡️ 板块是同一类个股的集合，一般来说，以"行业"和"区域"这两个标准来对个股进行板块划分，以上市公司所处区域为标准，我们可以划分出上海板块、新疆板块……以上市公司行业为标准，我们可以划分出银行板块、电力板块、煤炭石油板块……

市场热点往往是以板块的形式呈现出来的，此时，通过相应的板块指数，我们可以更好地了解到市场的热点所在。图 3-3 为有色金属板块指数 2010 年 6 月 21 日至 11 月 30 日期间走势图，图中叠加了同期的上证指数走势，通过对比可以看到，有色金属板块指数走势远强于大盘走势，这说明这一板块是这段时间内的市场热点所在。在实盘操作中，我们可以利用板块指数尽早发现热点板块所在，从而及时参与、获取高于市场平均水平的收益。

💭 小提示

除了利用板块指数来发现市场热点外，由于同一板块内的个股有着较强的联动性，我们还可以在龙头股诞生之后，积极搜寻那些补涨潜力大的个股，以此来获取短线收益，这部分内容，我们将在本章中的第 5 节进行讲解。

## 四、蓝筹股、成长股、垃圾股

从基本面的观点来看，股票所代表的等价物是对应的上市公司，上市公

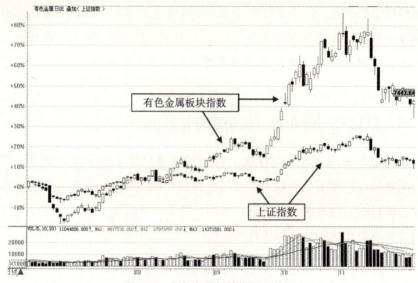

图 3-3　有色金属板块指数走势图

司业绩好、前景开阔，其股价走势自然值得期待，反之，上市公司若连年亏损、资不抵债，则有退市的风险，其股价走势难以乐观。

在基本面分析中，"业绩"永远占据着核心地位，依据上市公司的业绩情况，我们可以将个股分类为：蓝筹股、绩优股、成长股、垃圾股、ST股。

**蓝筹股** ➡ 也称为大盘蓝筹股，是指那些资产规模庞大、股本也同样巨大的股票，这类企业在同行业中地位突出、市场占有份额较大，往往具有一定的垄断优势，但过于庞大的规模也限制了其发展速度，因此其业绩较为稳定但难有令人惊喜的高速成长。

大盘蓝筹股缺乏想象空间，其二级市场中的股价走势也难有令人惊喜的时候，因此若非这类个股出现明显的低估状态，则是不值得我们参与的。

**绩优股** ➡ 指股本明显小于大盘股，但主营业务较为突出、业绩较好的个股，但由于其往往并不具有明显的垄断优势，因此在抵御行业风险时较差。在行业环境好时，其业绩可能大幅增长，但是，一旦行业环境不理想时，其业绩往往大幅下滑。

个股业绩优秀的状态也许只是暂时的，随着行业前景的暗淡，个股现在的优秀业绩很可能将不复存在，在选择这类股票时，我们既要关注其行业发展情况，也要关注上市公司的竞争能力，只有二者兼备时，才是最好的买入时机。

**成长股** ➡ 是指那些具备优秀成长潜力的上市公司，这些公司一般来说在新上市后，股本并不是很大，但是公司的主营业务突出、市场潜在开阔空间巨大、在同行中具备较强的优势，这保证了其在未来较长的时间内可以保持高速成长。一般来说，若能在未来三至五年内保持平均每年20%以上的净利润增长率，我们就可以认为它是一只成长股。

成长股是股票市场的最大魅力体现，因为它真真正正地实现了财富的裂变，如果说买股票就是买未来的话，那么用这句话来形容成长股的走势最恰当不过了，由于成长股是以复利的方式连年高速增长的，因此公司的业绩也是以几何级的速度增长的，这必将使其股价出现裂变。

图3-4为云南白药（000538）1993年12月至2010年12月期间走势图，此股自1993年12月登陆深圳证券交易所后，企业长年保持着较快的增

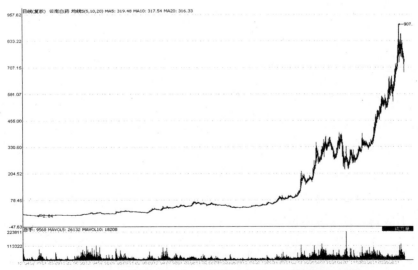

**图3-4　云南白药1993年12月至2010年12月期间走势图**

长态势，企业的持续高增长也使得个股的股价走势摆脱了大起大落的周期循环规律，股价与业绩齐飞，在长达 17 年的时间里，其个股累计涨幅接近 400 倍，这意味着，如果我们在 1993 年买了当时市值 3 万元的股票，则在 2010 年，我们手中的这些股票其市值将超过千万元，这正是成长股创造了惊人财富魅力所在。

企业的高速成长必然会带动二级市场中的股价裂变，"炒股就是炒预期"，成长股是股市中最大魅力所在，但未来的事情难以预测，企业的高速成长也许只是昙花一现，在选择成长股时，我们还应关注它当前的估值状态，如果其估值已明显偏高，则短期内是不宜参与的。

**垃圾股、ST 股** ➡ 垃圾股是指企业处于微利状态，而且还动辄出现亏损的个股；ST 股则是指在财报中连续两年出现亏损的个股，这类个股前面加上"ST"以示特别对待，其每日的涨跌幅度不能超过 5%；若 ST 前面还有 * 号，则表明这类个股有退市的风险，这类个股是我们进行交易时应当回避的品种。

垃圾股看似没有价值，但通过资产注入、卖壳等方式，企业是可以实现脱胎换骨转变的，现在很多绩优股的前身就是垃圾股，因此我们应从辩证发展的角度来看待垃圾股，只有这样，也才能更好地理解为何有那么多业绩处于微利状态甚至是亏损的个股其走势远远强于那些业绩优秀的个股。

**小提示**

通过对以上概念的解读，绩优股与成长股应是最好的买股品种，但在实盘操作中，如果仅以业绩为线索，我们是难以取得好成绩的，因为，绩优股的走势往往是随波逐流的，而成长股又因企业变数太多、未来发展前景不明确，远远超出了我们的分析能力。反之，那些业绩看似很差的个股却可能出现特立独行的黑马行情，此时，借助于技术分析，再结合个股的消息面，我们就能更好地把握住个股走向了。

## 五、题材股与冷门股

| 题材股 ⟹ | 所谓的题材股，就是与市场热点相符的个股，这类个股易受到主力资金的青睐，而且由于其具有良好的炒作题材，个股在主力炒作下而强势上涨时，也会得到市场的认可，并受到市场的追捧。 |
|---|---|

题材股的最大特点是短期内的凌厉飙升走势，无论在震荡盘整的市场中，还是在不断下跌的市场中，我们总会发现一些个股能出现短期大幅上涨的走势，这些个股的上涨既不是源于基本面的改善，也不是源于技术面的修正，它们的短期暴涨往往就是因与市场热点相符，从而受到主力炒作、市场追捧所致。

经济学家凯恩斯曾提出过一个十分著名的理论——"空中楼阁"理论，这一理论指出：对于证券市场中的专业投资者，如果要想从这个市场中尽可能获利，就要把重点放在分析大众投资者未来可能的投资行为上，而不应将精力花在估计其（多指股票）内在价值上。结合股市的实际情况来看，我们发现这一理论可以完美地诠释出题材股的上涨过程。凯恩斯的这一理论可以很好地解释题材股的飙升，因为在市场热点形成后，基本面、技术面往往会在狂热的买盘涌入下，退而居其次，市场热点就相当于一个吹响了个股前进的号角，此时，我们重点关注的对象是投资者的买卖意愿，而不是个股是否真的出现了重大转型。

在题材股这个范畴下，"市场热点"是核心所在，那么，什么才能称为市场热点呢？其实，股市中凡可引起投资者关注、引发投资者做多热情的事物，都可以称之为热点，例如上市公司推出的高送转方案、重大的资产注入事项、重大的庆典活动、产品价格的持续上扬、政策面的利好消息、业绩面的利好消息等。

图 3-5 为熊猫烟花（600599）2009 年 3 月 16 日至 9 月 18 日期间走势图，此股在低位区经长期盘整之后，自 2009 年 7 月 30 日起，开始以连续的涨停板方式向上飙升，这不是源于上市公司的业绩出现了突变，也不是同期的大盘飙升带动所致，其实，这正是主力炒此股烟花燃放题材所致。由于

2009 年是国庆六十周年，在国庆时，要燃放大量的烟花，熊猫烟花 2008 年承办了奥运会烟花项目，因此市场资金认为该股将参与国庆烟花事项，因此，它被扣上了一个"国庆题材"的帽子，成为当时沪深两市名副其实的题材黑马股。此股的这一题材应属于重大庆典活动所催生的题材这一范畴。

图 3-5　熊猫烟花 2009 年 3 月 16 日至 9 月 18 日期间走势图

题材股是火热的，这也体现在它的走势上。一般来说，主力在炒作题材股时，多是以涨停甚至是连续涨停的方式来进行炒作的，因此通过涨停板来捕捉题材、分析个股的热点题材，就是我们参与题材股时的重要方式。

冷门股

题材股是市场关注的热点，冷门股正好相反，它们是市场忽略的对象，冷门股即使业绩很好，股本也不是很大，它们也是难以出现较为强势的上涨的，这是因为股市是一个资金推动市，冷门股难以吸引场外资金大量涌入，也自然是难以出现强势上涨。

如果说涨停板是我们判断个股是否有热点题材的一个标准的话，那么，它同样也是我们判断个股是否为冷门股的一个标准。如果个股走势较为平淡，且在相当长的时间内（例如：一年左右的时间）也没出现过涨停板形态的话，则这类个股往往就是被市场忽略的冷门股。

图3-6为深圳能源（000027）2009年3月至2010年9月期间走势图，此股业绩优秀，2009年的每股收益达0.91元，股本适中，只有30多亿元，然而，股价却一直徘徊在10元附近，相对于同期持续上涨的其他股票来说，此股算是一只走势偏弱的冷门股了，这从此股在这一年多时间内无涨停板形态出现这一状况即可获悉。

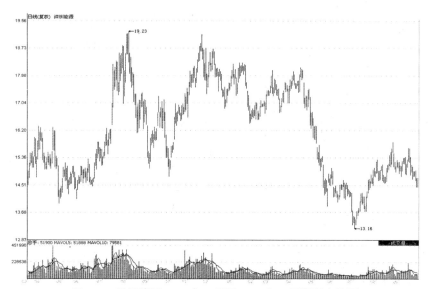

**图3-6 深圳能源2009年3月至2010年9月期间走势图**

小提示

在短线交易中，热点题材股是我们应重点关注的对象，因为这类个股在资金的快速涌入下，其短期走势往往极为凌厉，甚至出现短期内快速翻倍也是极有可能的；而冷门股是短线交易中应回避的，但是如果打算中长线买股布局，那些估值偏低的冷门股也不失为低风险、高潜在收益的好股。毕竟，市场热点题材频繁转换，如果冷门股有幸与热点题材接轨，则其上涨空间也是巨大的，退一步来说，即使这些冷门股不会与热点为伍，那么，由于其低估的状态，参与这类个股也是没有多大风险的。

### 六、肉股与黑马股

黑马股是涨势凌厉的个股，这些个股或是在中长期内持续走高并实现数倍的上涨，或是在短期内连续飙升。持有这样的个股是每个投资者的期望，黑马股更易在中小盘题材股中诞生。肉股则正好相反，这些个股的走势甚至很难跑赢大盘，肉股更易在业绩不佳或是并不低估的大盘股中出现。

图 3-7 为深天马 A（000050）2008 年 11 月至 2010 年 11 月期间走势图，此股在这长达两年的时间里，其股价持续、稳步地上涨，累计涨幅超过了 6 倍，是一只十足的中长线黑马股。但是此股的业绩并不理想，2009 年出现了大幅亏损，2010 年虽然有些改善，但业绩也不佳，从基本面的角度来看，业绩是无法解释其上涨的。

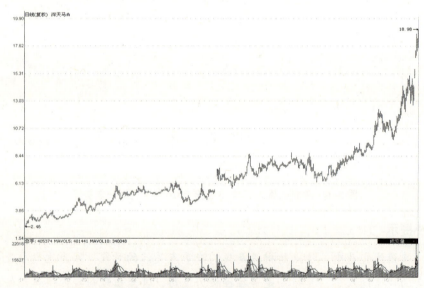

图 3-7　深天马 A 2008 年 11 月至 2010 年 11 月期间走势图

其实，此股之所以持续上涨，一是因为它的股本相对较小，有主力资金入驻；二是因为它有较强的资产注入预期，以及可供主力资金炒作的题材。在此背景下，此股在基本面看似不佳的情况下，由于资金的推动，成了一只名副其实的黑马股。

图 3-8 为广深铁路（601333）2008 年 6 月至 2010 年 12 月期间走势图，此股虽然是一只绩优股，但由于股本太大、业绩增长乏力，从而使得其走势

明显弱于同期大盘，成为了一只名副其实的肉股，如果我们手中持有这样的
个股，是很难从股市中获取高额回报的。

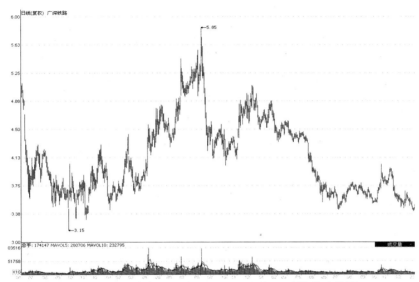

**图 3-8　广深铁路 2008 年 6 月至 2010 年 12 月期间走势图**

小提示

捕捉黑马股、回避肉股，是我们炒股时操作要点所在。利用技术分析，
再结合个股的消息面等因素，我们就可以更好地完成这一任务。

## 七、庄股与散户股

庄家（也可以统称为主力资金），是我们在股市中重点关注的对象，在
庄股炒作下的个股，其涨势往往是十分惊人的，它所创造的回报也将是远远
超过市场平均水平的。那么，什么是庄股呢？我们应如何理解这个概念呢？

庄股 ➡ 是指有庄家资金（也可以称之为主力资金）大力介入的个股，依据庄家的实力大小，我们可以将各类庄股分为强庄股、弱庄股以及介于两者之间的中庄股；依据控盘时间的长短，我们可以将庄股分为短线庄股、中线庄股、长线庄股；依据庄家的类型，我们可以将庄股分为游资庄、大户庄、基金庄、大股东庄等。不同类型的

> 庄家有不同的特性，而这往往就体现在其控股个股的迥
> 异的走势上。

庄股的最大特点就在其走势往往是极为独立的，这特别体现在庄家的中长线走势上。大盘持续小幅上扬时，庄家可以横盘不涨，也有可能连续涨停加速上涨；大盘开始大幅下跌时，庄家也许能只是小幅回调甚至是逆市盘整。在个股没有消息面支撑、没有业绩持续增长带动下，我们很难想象若没有庄家的独立撑盘，个股的走势会与大盘出现这样的脱节。

图 3-9 为 *ST 国通（600444）2008 年 5 月至 2010 年 12 月期间走势图，此股在此期间处于高位区的宽幅震荡走势中（2007 年此股涨幅巨大），如果对比同期的大盘走势，我们可以发现它的走势可以说是与大盘迥然不同的，大盘在 2008 年跌去了七成，而此股却没有跌破这一高位箱体区；随后，在 2008 年末至 2009 年年初时，由于大盘在低位区的企稳回升，此股快速上涨再度返回至历史高点区；但在 2009 年 3 月之后，大盘开始持续、稳健地上扬，此股却出现了明显的滞涨，其股价重心甚至还有逐步下移的倾向。其特立独行的走势一览无余，这正是庄股的最大特点。

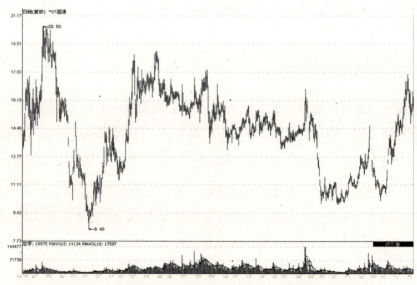

图 3-9　*ST 国通 2008 年 5 月至 2010 年 12 月期间走势图

与庄股相对而言的是散户股，这类个股并没明显的主力资金介入，散户大量持股。一般来说，这类个股是很难有好的上涨行情的，其走势也多是随波逐流。如果一只个股在中长期内其走势与大盘走势极为相近，则这样的个股就极有可能是散户股。

**小提示**

很多投资者认为庄股是机会的象征，因为个股在庄家的炒作下会出现翻倍走势，而且在大盘不好时，庄家还会积极地护盘，其实，这种观点只对了一半。如果我们参与高位区的庄股是十分危险的，此时的庄家其主要市场行为就是出货，一旦庄家出货大功告成，庄家往往还会利用手中的少量余筹来刻意打低股价，为下一次做庄创造条件。为了使读者更好地把握庄股，我们将在第四节中详细讲解庄家的控盘过程，并在随后的章节中，结合实例对庄家的市场行为、操盘特点进行具体分析。

# 第二节 蓝筹行情与题材行情

## ● 本节要点
1. 蓝筹行情的演绎
2. 题材行情的演绎

## ● 节前概述
蓝筹行情与题材行情是股市中的两条主线，它们也是市场在不同时期呈现不同风格的体现。当蓝筹行情出现时，题材股的炒作势头得以抑制，而当题材行情如火如荼的时候，蓝筹股走势则默默无闻。本节中，我们来看看如何应对蓝筹行情与题材行情。

## 一、蓝筹行情的演绎

蓝筹股是股市中的定海神针，它们的走势一向以稳健著称，所谓的稳健就是指它的波动幅度往往要远远小于那种小盘个股。

蓝筹行情就是指大盘蓝筹股集体发力、快速上涨的行情，由于蓝筹股的股本极大，因此它们对指数的影响力也是巨大的，因此在蓝筹行情出现时，我们可以看到指数快速上涨的势头。

由于场内外的资金毕竟有限，当大量的资金涌入蓝筹股时，必然意味着同时有很多资金从其他个股中流出，这些个股往往就是题材股或中小盘股，这使得其他个股的走势远远弱于大盘蓝筹股，也明显弱于大盘指数。

那么，何时会出现蓝筹行情呢？2007年的大牛市给我们上了一课。依据2007年的大牛市特点，在股市做多情绪被完全激发、经济环境欣欣向荣的时候，市场的投资理念会由前期的"题材"转变为"价值"，从而引发大量的资金从被炒高了的题材股中流出，随后流入那些看似有投资价值的蓝筹股，由此引发蓝筹行情。

图3-10为上证指数2006年11月至2007年10月期间走势图，股市在2007年上演了大牛市行情，但在2007年5月30日上调印花税之后，由于国家抑制股市投机现象的政策引导，而牛市的做多气氛依旧浓郁、场外等待入场的资金依旧较多，使得市场开始转换风格，"价值投资"成了股市中的核心，大量的资金开始涌入惯以"价值"为名的蓝筹股中，从而使得蓝筹股合力上涨，推动指数再度出现了一波快速上涨，这就是出现在2007年6月至10月期间的蓝筹行情。

小提示

蓝筹行情是以大牛市为背景的，当蓝筹行情出现时，也意味着绝大多数资金开始齐力做多，这是对市场中最后一波做多力量的集合，往往也预示着顶部随后即将出现。

## 二、题材行情的演绎

就目前国内股市的实际氛围来说，题材行情才是核心，无论是在大盘走势稳健上扬时，还是在大盘横盘震荡时，总有一些个股因火暴的题材而出现大幅上涨甚至是短期大幅暴涨走势，这就是所谓的题材行情。

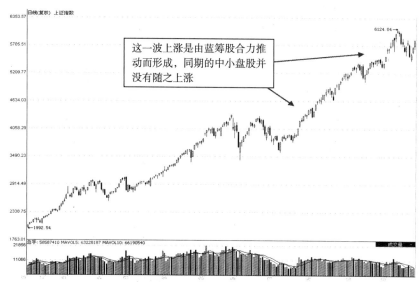

图 3-10　上证指数 2006 年 11 月至 2007 年 10 月期间走势图

图 3-11 为大杨创世（600233）2009 年 6 月 30 日至 10 月 20 日期间走势图，图中叠加了同期的上证指数走势，如图中箭头标注所示，此股在盘整震荡之后开始快速上涨，这是因当时市场传闻，公司正和巴菲特洽谈合作事项，此股因而具有了火暴的炒作题材，短期内在题材的驱动下、在主力资金

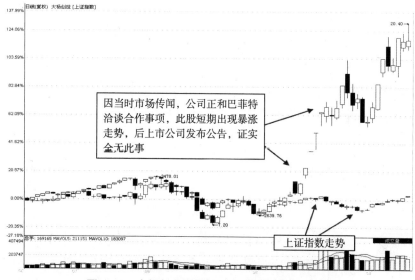

图 3-11　大杨创世题材催化下的短期飙升走势图

与追涨盘的合力作用下，出现暴涨走势，后上市公司发布公告，证实全无此事。

股市的题材多种多样，现在的热点题材在炒作之后就会在随后变为冷门题材，要想更好地把握住题材行情，我们就应具有敏锐的市场嗅觉，做到多看、多听，如果对即将出现的市场热点有较充分的把握时，就应及时介入。在实盘操作中，题材行情是实现我们资金裂变的关键所在，下一节中，我们将结合股市中的常见题材类型，讲解把握题材行情的具体方法。

# 第三节　新股行情

## ● 本节要点

1. 什么是新股

2. 如何把握新股上市后的走势

## ● 节前概述

新股，是一个特殊的品种，这是一类新登陆证券交易所（即证交所）的上市公司，新股在成功上市后，往往会因为其独特的竞争优势、资源优势、品牌优势等，成为市场关注的焦点。主力资金也会适时地炒作此类个股，由此引发新股行情。本节中，我们就来看看如何把握新股上市后的上涨行情。

## 一、什么是新股

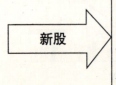

很多中小企业在发展过程中都迫切需要资金，资金可以说是推动企业快速发展、保持企业生命力旺盛的"血液"，而股市的主要经济职能就是为企业发展提供一个便捷的融资渠道。登陆证交所、成为上市公司既方便

了企业募集资金，也使得股市发挥其经济作用。在证监会的监督审核下，未上市的企业有条不紊地加入到股市中来，这些企业在刚刚登陆证交所时，称为新股。

并非任何企业都可以登陆股市并成为上市公司，只有那些业绩较好、资产相对较大的企业才具备申请上市的资格，而在申请上市之后，还要经过证监会等监督部门的考查、审核，随后才可能成功地登陆股市并成为上市公司。可以说，新股一般也是较为优秀的企业。

## 二、如何把握新股上市后的走势

新股上市之后，可能出现暴涨，也可能出现暴跌，这取决于是否有主力资金在新股上市之后大力介入并积极炒作。一般来说，我们可以从以下几点着手来把握新股是否有上涨行情出现。

1. 个股的股本大小

在国内股市中，中小盘个股由于所容纳的资金数量相对较小，因此更容易获得单个主力资金或少数几个主力资金的介入，这使得这少数几股力量可以有效地达成默契，从而合力拉升个股，使之出现新股行情。而那些新上市的大盘股，由于股本巨大且常常有数量众多的公募基金、券商进行建仓操作，因此其市场筹码相对较为分散，难以形成合力，也难以出现新股行情。

图 3-12 为中国铁建（601186）2008 年 3 月 10 日至 7 月 31 日期间走势图，此股在 2008 年 3 月 10 日作为新股正式登陆上海证券交易所，虽然此股业绩优秀且估值相对偏低，但由于其股本超过了百亿的级别，因此并没有出现新股上市后的快速上涨行情。

2. 个股的估值状态

新股上市前后会加大对企业的宣传力度，这使得一些看似有抢眼题材的个股往往有着较高的发行价，或是在上市首日出现巨幅高开，这种过高的价格提前透支其后期上涨空间，这类个股是难以走出新股行情的。

图 3-13 为海普瑞（002399）2010 年 5 月 6 日至 10 月 25 日期间走势图，

此股的发行价为 148 元，对应的发行市盈率为 73.27 倍，这使得海普瑞一举
刷新了此前由创业板公司世纪鼎利创下的最高发行价，成为 A 股之最。

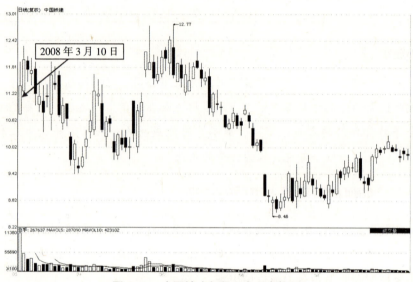

图 3-12　中国铁建新股上市后走势图

图 3-13　海普瑞新股上市后走势图

　　海普瑞之所以有如此之高的发行价、如此高的市盈率，是源于它的独特
题材：海普瑞是目前全球产销规模最大的肝素原料药的生产和销售企业，是

我国唯一同时取得美国 FDA 认证和欧盟 CEP 认证的肝素钠原料药生产企业。最近三年，公司主营业务收入和净利润的复合增长率分别达到 173.78% 和 244.53%，成长性十分突出。

正是基于市场对此股高速成长的预期，才使得其发行价创出了 A 股之最。但过高的发行价也使得个股提前透支了上市之后的上涨空间，使得此股在上市之后并没有因企业的高速成长预期而出现新股行情。

图 3-14 为北新路桥（002307）2009 年 11 月 11 日至 12 月 28 日期间走势图，此股的发行价只有 8.58 元，虽然上市首日大幅高开，但其股价也只是在 15 元附近，此时的个股市盈率在 50 倍左右。此股作为一只独特的新疆小盘股，具有军工题材，相对于同期市场中的其他题材股来说，50 倍的市盈率并不算高，这使得此股在上市后仍有一定的上涨空间。由此引发了主力资金的炒作，此股的新股行情也呼之欲出。

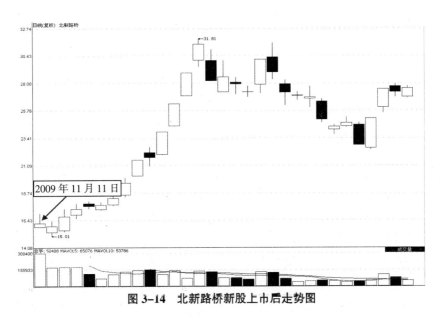

图 3-14　北新路桥新股上市后走势图

3. 个股的题材面

好的题材是主力炒作新股的理由，也是场外资金积极追涨买入的动力，新股若有着独特的题材且估值状态尚在合理之中，则其上市后就极有可能出现快速飙升的新股行情。

图 3-15 为全聚德（002186）2007 年 11 月 20 日至 2009 年 1 月 16 日期

间走势图，此股作为一只新股在 2007 年 11 月 20 日正式登陆深圳证券交易所，此股有着独特的品牌优势，全聚德烤鸭全国闻名，这正是此股可供炒作、吸引市场关注的热点题材。而且此股在上市之后，其估值状态较低、股本较小，在此基础之上，主力在其上市后大举建仓进行炒作，此股的新股行情也由此上演。

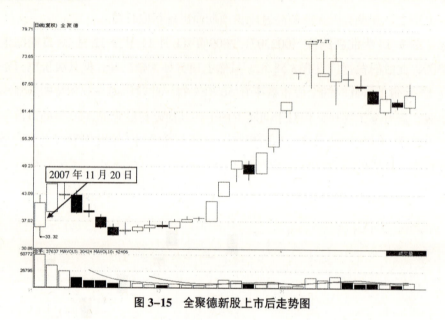

**图 3-15　全聚德新股上市后走势图**

**4. 新股上市首日的技术数据**

判断新股是否会出现上市后的飙升行情，其关键之处在于此股上市后是否有新主力资金大举介入。一般来说，我们可以从上市首日的换手率、上市首日的盘中成交细节、上市之后几日的走势来综合判断。

就换手率来说，中小盘个股在上市首日的换手率至少要达到 60%，主力才能进行较为充分的建仓；如果首日的换手率小于 50%，由于大量的个股仍然在一级市场申购者的手中，这样的个股随后上涨时势必会面临着更大的抛压，是难以出现新股行情的。以上面全聚德的例子来说，它上市首日的换手率达到了 87%；而北新路桥上市首日的换手率也达到了 81%。正是有着上市首日的充分换手，主力才得以实现大力建仓，个股在随后的上涨中也不必面临着一级市场中签者的重重抛压。

就上市首日的成交细节来说，如果盘中频繁出现大单买入的情形，则这往往就是主力建仓的体现，反之，如果只是偶然性地出现大单买入且经常有大单卖出，则这种个股在随后出现新股行情的概率就要大打折扣。

就上市后几日的走势来说，若有主力资金在上市首日大举建仓，为了确保建仓资金的安全，主力会在随后进行大力护盘，而个股在随后几日的走势也不会出现快速下跌。反之，如果个股上市之后就以连续的大阴线形态出现，则这多是无主力资金介入的表现，这样的个股是难以出现新股行情的。

图3-16为中国中冶（601618）2009年9月21日至12月10日期间走势图，此股在2009年9月21日作为一只新股正式登陆上海证券交易所，但在上市后的两日中，此股的连续两根大阴线使得个股快速跌破新股首日的均价，这是个股无主力护盘的体现，也是其难以出现新股行情的标志。

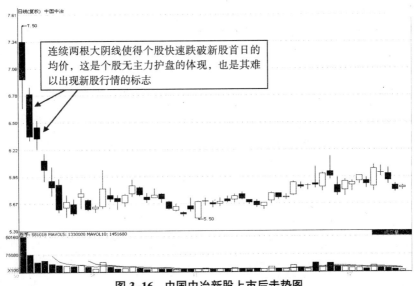

图3-16　中国中冶新股上市后走势图

小提示

　　本节中，我们从新股的股本大小、题材面、上市首日的技术数据、上市后几日的走势情况这四点着手来分析一只个股是否有出现新股行情的可能，在实盘操作中，我们应综合利用这几点要素，以免得出片面的结论。

# 第四节　主力市场行为解读

● 本节要点

1. 主力控盘的过程

2. 主力操盘的手法

3. 从局部形态分析主力行为

4. 从趋势运行把握主力动向

● 节前概述

主力是股市中的资金大鳄，他们引导着个股的前进方向，有主力控盘的个股与无主力控盘的个股走势截然不同。在技术分析中，了解主力的市场行为，是我们参与个股交易时必须掌握的一项技能。本节中，我们结合主力的宏观控盘过程、微观操盘手法等具体内容来研究如何把握主力的市场行为。

## 一、主力控盘的过程

主力控盘过程 ▶ 所谓主力控盘过程，就是指主力由最初入驻个股到最后离开个股的整个过程，主力控盘是以获利为目的的，其控盘过程也是一个低吸高抛的过程。一般来说，我们可以将整个控盘过程细分为以下六个环节：建仓环节、震仓环节、拉升环节、洗盘环节、拔高环节、出货环节；其中的建仓、拉升、出货这三个环节是必然出现的，其余几个环节是否出现则取决于主力的控盘风格及大盘环境。

下面我们结合具体的实例，来看看在主力控盘的各个环节中，我们应关注哪些要素，其盘面形态又有什么典型的特点。

1. 主力控盘环节 1——建仓

所谓的建仓，就是指主力在个股的相对低位区，从二级市场中买入个股的一个过程。在建仓时，不同类型的主力往往会选择符合自身风格的股票，例如基金、券商、大型机构资金等，其选股对象多为价值型股票或大盘蓝筹股；而像民间游资、私募基金等民间资本则多会参与那些有炒作题材的中小盘个股。

主力建仓时往往会有企稳的大盘环境作为背景，如果个股及大盘正处于深幅下跌后的低点，则此时即是主力建仓的绝佳时机。因为这时的个股多处于明显的低估状态，后期将会有很大的上涨空间。在实盘操作中，我们可以从个股的盘面形态及同期的大盘走势来把握个股是否有主力从中建仓。

图 3-17 为平煤股份（601666）2008 年 7 月至 2009 年 3 月期间走势图，此股在深幅下跌后的低位区出现了长时间的企稳回升走势且同期的量能温和放大，这正是主力建仓时的典型盘面形态特征。

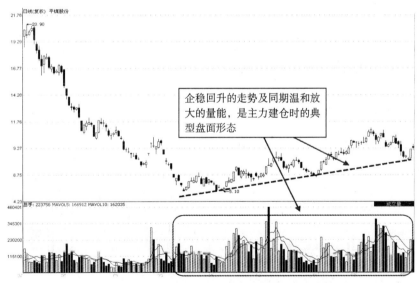

图 3-17　平煤股份主力建仓阶段盘面形态示意图

长时间的企稳回升走势，说明买盘资金的实力持续强于市场抛压，这是主力资金介入的标志；温和放大的量能形态则说明市场换手较为充分、买盘资金的介入力度较大，这也是主力可以完成建仓任务的必备条件。

当然，不同类型的主力在炒作个股时，往往会有明显不同的建仓手法，例如：短线主力在炒作热点题材股时，为了保持市场热度、激发市场做多热情，往往会采取连续拉涨停板的急速建仓、急速拉升一气呵成的手法，这种建仓、拉升一气呵成的手法，既可以满足主力快速建仓的需要，也为随后的快速派发打下了基础；而中长线主力由于要在较长时间内控盘个股，因此降低建仓成本是首要任务，此时的个股在主力建仓行为下只会出现缓慢的上涨。

图3-18为中路股份（600818）2008年9月4日至2009年2月6日期间走势图，当此股经持续下跌而步入低位区时，市场传出了迪斯尼即将落户上海这一热点消息，而此股公司所在地很可能与迪斯尼主题公园毗邻，这使得此股的土地增值题材突然涌现，在此热点题材催生下，主力采取的拔高式的建仓手法，个股连续出现涨停板且量能大幅度放出，这满足了主力快速建仓的需要，也很好地激发了市场的做多热情。

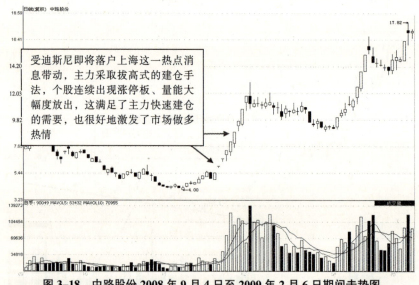

图3-18 中路股份2008年9月4日至2009年2月6日期间走势图

小提示

主力建仓时，正是我们布局的好时机。对于主力炒作的题材股来说，在主力采取拔高式建仓的最初，我们不妨追涨买入，因为个股虽然处于短期高点，但从中长线角度来看，后期仍有较充分的上涨空间，而且这类个股短期涨势往往惊人，可以在短时间内带给我们丰厚的回报；对于中长线主力运作的个股来说，我们则可以在个股波动过程中的相对低点买股布局，并在随后采取长期持股待涨的操作。

2. 主力控盘环节2——震仓

震仓并不是主力控盘过程中的一个必备环节，它往往出现在主力建仓之后、拉升之前，是主力采取短期快速打压方式来清洗底部区获利浮筹的一种市场行为，震仓是直接为随后即将出现的拉升环节服务的。

图3-19为中国软件（600536）2008年10月19日至2009年2月27日期间走势图，此股在2008年10月之前累计跌幅巨大，在2008年10月之后，开始了缓慢的攀升走势且同期的成交量温和放大，这是主力资金对此股积极建仓的典型形态。

**图3-19 中国软件震仓形态示意图**

但是在2009年2月27日前的四个交易日中，此股短期内快速下跌，但同期的成交量相对萎缩，其实，这种出现在稳步建仓之后的快速缩量下跌走势，正是主力资金建仓后的震仓体现，它预示着个股随后极有可能在主力的积极运作下而步入快速上升通道中。图3-20标示了此股在2009年2月27日之后的走势情况。

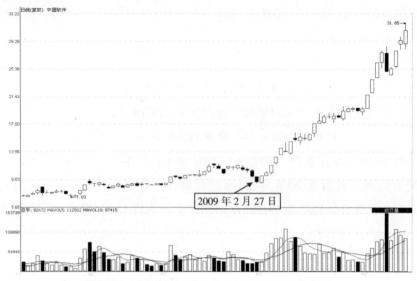

图 3-20　中国软件 2009 年 2 月 27 日前后走势图

小提示

　　由于震仓环节出现在建仓之后、拉升之前，因此在此阶段买股可以获取丰厚的短线回报，虽然个股的震仓环节并不常出现，但是一旦个股有震仓走势出现，我们就应快速介入，以免错失了短线战机。

　　3. 主力控盘环节 3——拉升

　　拉升，就是主力大幅度、相对较为快速地推高股价的一个过程。在主力介入个股后，主力就是个股中最为强劲的力量，它引导、决定着个股的走势，因此若主力不积极拉升个股，个股是很难出现可观的涨势的。

　　在拉升阶段，我们可以重点关注个股的不同盘面运行形态，有的个股呈波浪式的形态上涨，有的个股则呈火箭式的形态上涨（例如前面讲到的中路股份），有的个股则呈台阶式的形态上涨，也有的个股呈 45°角稳步攀升，这些典型的上涨形态都是主力具体拉升手法的外在体现。

　　图 3-21 为宏达高科（002144）2008 年 9 月至 2010 年 5 月期间走势图，此股在整个上升途中，其上涨形态呈现出波浪式的形态，这是主力结合大盘波动而实施逐波拉升个股的体现，每当大盘出现一波上涨时，主力会积极拉升个股，而当大盘出现回调时，主力则进行一定的护盘操作，这使得个股涨时幅度相对较大、回调时的幅度相对较小，从而呈现出一峰高于一峰、一谷

高于一谷的形态。

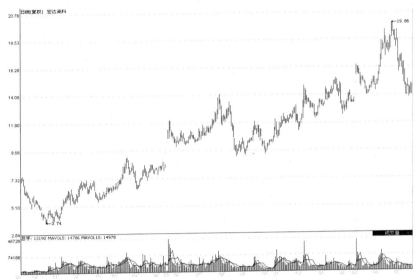

图 3-21　宏达高科波浪式上涨形态示意图

图 3-22 为中国船舶（600150）2006 年 12 月至 2007 年 10 月期间走势图，图中用直线连接了此股的走势过程，可以看到，其上涨方式如同一个台阶一个台阶式的跃升，这种上涨形态的主要特点是：个股在短短数日内因主

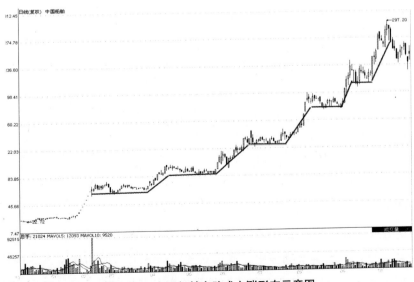

图 3-22　中国船舶台阶式上涨形态示意图

力的强势拉升而快速上涨，随后，在阶段性的高点位，主力进行强力护盘，使个股呈窄幅横向震荡走势，由此形成了一个新的台阶。

台阶式的拉升手法多出现在实力强大的中长线主力所控盘的个股中，这类个股也许短期走势并不惊人，但从中长线的角度来看，其累计涨幅往往十分惊人，就以中国船舶为例，此股在2006年12月至2007年10月这不到一年的时间里，其累计涨幅超过了10倍。

图3-23为仁和药业（000650）2008年10月至2010年5月期间走势图，此股在这长达一年半的时间里，是以稳健的45°角实现上涨的，而且这是主力建仓、拉升步调一致的体现。

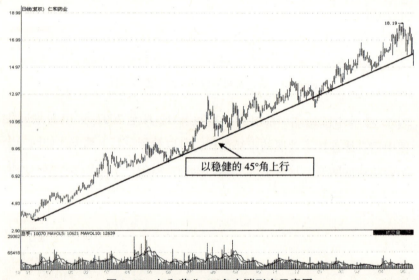

**图3-23　仁和药业45°角上涨形态示意图**

在上涨的最初一段时期里，可以看做是主力建仓的体现，这时的成交量明显放大，在随后的时间段内，成交量不再明显放大，但个股上涨依然稳健且节奏不变，这说明主力已经较好地进行了建仓并对个股实现了强力控盘。

◯小提示◯

主力拉升时，我们应耐心地持股待涨，避免因个股短期内的小波动而过早出局。此外，在实盘操作中，我们也可以结合个股的上涨方式来进行操作。例如对于稳健的45°角上涨这种拉升方式，最好的办法就是一直持股不动；而对于波浪式的拉升方式，则可以逢阶段性的高点进行减仓、逢阶段性的低点进行加仓，以看长做短的方式来实现上升途中利润的最大化。

4. 主力控盘环节4——洗盘

洗盘，是主力在拉升途中，对市场获利浮筹进行清洗、提高市场平均持仓成本而展开的控盘环节，通过洗盘，市场的获利抛压会大大减轻、市场的平均持仓成本也会大幅度提高，这对主力后期继续拉升个股创造了有利的条件。

在洗盘时，我们可以重点关注主力的洗盘方式，一般来说，打压式的洗盘与盘整震荡式的洗盘最为常见。

打压式的洗盘是指主力在短期内通过抛售少量筹码以引发个股快速下跌，从而使持股者误认为升势已经见顶，进而抛售离场的一种手法，打压式洗盘的最大特点就是时间周期相对较短，在盘面形态上，个股呈现出快速的缩量下跌走势。

图3-24为浙江震元（000705）2008年12月至2010年1月期间走势图，此股在上升途中，因主力的打压式洗盘而出现了一波快速的缩量下跌走势，这一波的缩量下跌走势与常态下的回调明显不同，它有主力打压操作掺入其中，因此个股短期的下跌幅度更大。值得我们注意的是，虽然个股短期内快

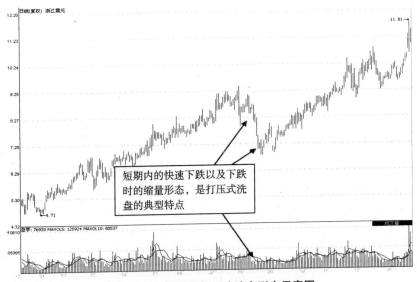

**图3-24　浙江震元打压式洗盘形态示意图**

速下跌，但成交量却明显缩小，这说明市场抛压并不重，大多数筹码也较好地处于锁定状态，这正是主力控盘能力很强的体现。

盘整式洗盘是指个股出现横盘震荡式的走势。一般来说，个股可能会以相对宽幅的震荡形态出现，也可能会以窄幅的横向整理形态出现，至于采取哪种方式，既取决于同期的大盘走势，也取决于主力的控盘风格。当大盘走势波动幅度较大时，而主力又采取盘整式洗盘，则此时的盘整震荡幅度会相对较大，反之则较小。此外，盘整震荡式洗盘与打压式洗盘的最大区别还在于时间的长短不同，相对而言，盘整震荡式的洗盘时间更长、对投资者的耐心有更高的要求。

图 3-25 为华邦制药（002004）2008 年 9 月至 2009 年 11 月期间走势图，在此股上升过程中，主力对其展开了盘整震荡式的洗盘操作，从图中可以看到，盘整震荡式的洗盘时间较长，而且股价重心并没有出现下移倾向，这说明多方仍占据主动，此时，投资者是否会在洗盘走势中出局，最关键的因素就是投资者是否有足够的耐心。

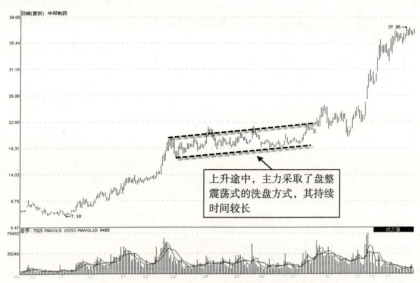

**图 3-25　华邦制药上升途中盘整震荡式洗盘形态示意图**

　　对主力来说，洗盘讲究的是时间与空间，时间是指洗盘的时间，太长则破坏个股升势形态，太短则难以起到效果；空间，则是洗盘时的个股震荡幅度，幅度太大容易让投资者集体看空，这对主力后期拉升是极为不利的，幅度太小则持续时间就会较长。掌握好洗盘的时间与空间，对主力来说是一门艺术。

　　5. 主力控盘环节 5——拔高

　　拔高，并不是一个必备的控盘环节，它出现在个股已大幅上涨后的高位区，此时，由于同期的大盘走势较好，而主力控盘能力依旧较强，于是主力顺势而为，对个股展开一波急势的拉升，当然，这种拉升与前期的大幅拉升的目的是明显不同的。前期的大幅拉升是必备环节，它是为主力高位出货服务的，而这种拔高，则是主力认为有更进一步获取更大利润的可能，是在结合大盘走势的基础上展开的。

　　拔高，为主力创造了更为充裕的出货空间，也有利于激发追涨盘介入，这二者对主力出货均极为有利，但是，对于散户投资者来说，拔高走势阶段也是风险极大的一个区域，因为，主力随时有可能反手做空、打压出货。

　　图 3-26 为中路股份（600818）2008 年 9 月至 2010 年 3 月期间走势图，

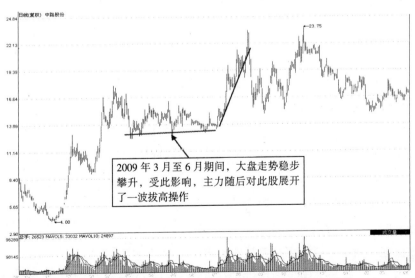

**图 3-26　中路股份 2008 年 9 月至 2010 年 3 月期间走势图**

此股在 2009 年 3 月之前出现了快速且幅度巨大的上涨，随后在 2009 年 3 月至 6 月期间一直处于高位区的横向震荡走势状态下，但是，同期的大盘却稳步攀升（图 3-27 标示了上证指数在 2009 年 3 月至 6 月期间的走势情况），受此影响，主力在 2009 年 7 月之后，对此股再度展开了一波拔高操作。

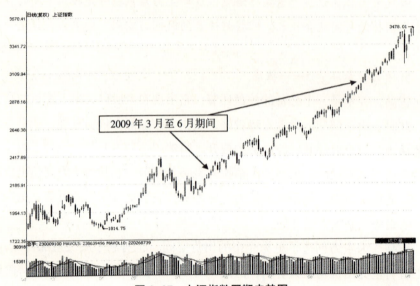

图 3-27　上证指数同期走势图

**小提示**

在主力对个股展开拔高操作时，个股的盘面形态往往是短期内的急速上涨，一般来说，上涨角度较为陡峭，这是主力不愿意用过多的资金来推升股价的表现，也是个股处于强弩之末的体现。

6. 主力控盘环节 6——出货

出货，是主力控盘的最后一个环节，它是主力将低位买入的筹码卖给市场散户投资者的一个过程。主力出货时，会打破个股原有的多空平衡状态，由于主力加入到了卖方阵营，这势必使得个股无力再度突破上行，但主力为了更好、更充分地出货，一般不会采取短期大力出货的方式，多采用小单陆续派发的方式进行出货，这样，在主力出货时，个股往往以长期的盘整滞涨形态出现，而且，股价重心有整体上缓慢下移的迹象。

图 3-28 为 *ST 国发（600538）2008 年 12 月至 2010 年 1 月期间走势

图，此股在持续上涨后的高位区，主力开始出货，随后的个股走势呈长期滞涨形态，且股价重心有整体下移的倾向。这是主力出货时的典型盘面形态，在实盘操作中，这也是应引起我们警示的，预示着顶部出现的风险形态。

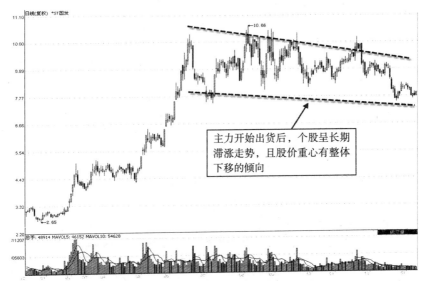

**图 3-28　\*ST 国发主力出货时滞涨形态示意图**

在主力出货时，如果同期的大盘出现了大幅度的回调下跌，则主力往往不会刻意护盘，而且甚至有顺势打压出货的可能，这使得个股短期下跌幅度巨大，与前期上升途中的回调走势截然不同，因此在主力出货时的高位区多会有幅度极大的宽幅震荡形态出现。

图 3-29 为中珠控股（600568）2009 年 1 月至 2010 年 1 月期间走势图，此股在持续上涨后的高位区，因主力开始出货、同期大盘下跌，而出现了巨幅震荡形态，这是我们及时发现主力放弃拉升、转战出货市场行为的信号。

在主力出货时，个股经前期的大幅上涨会处于明显的高位区，此时，主力不得不使用一些操盘手法来诱骗投资者追涨入局，其中最为常见的一种方式就是对倒式拉升的诱多操作。

图 3-30 为西南药业（600666）2009 年 8 月至 2010 年 5 月期间走势图，此股在经历了大幅上涨后，于高位区出现了较长时间的震荡滞涨走势，随后，如图 3-30 中标注所示，出现了一波对倒式的诱多出货走势，这体现在盘面形态上就是：个股在短短几日内成交量大幅放出、股价快速上涨，随

后，当主力放弃对倒后，个股量能快速恢复如初，股价也快速下滑。

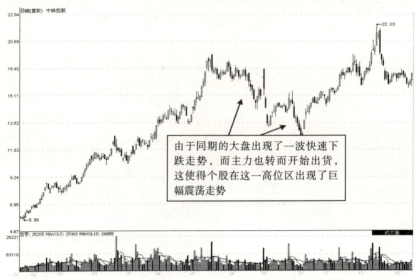

图 3-29　中珠控股主力出货时巨幅震荡形态示意图

由于同期的大盘出现了一波快速下跌走势，而主力也转而开始出货，这使得个股在这一高位区出现了巨幅震荡走势

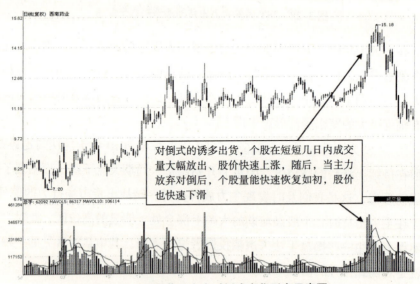

图 3-30　西南药业主力对倒式出货形态示意图

对倒式的诱多出货，个股在短短几日内成交量大幅放出、股价快速上涨，随后，当主力放弃对倒后，个股量能快速恢复如初，股价也快速下滑

主力出货并不意味着个股马上步入到下跌趋势中来，从上面讲到的例子可以看出，在主力有明显出货意图时，个股甚至有可能再度创出新高（例如中路股份、西南药业），但此时，我们却不可追涨买股，此时参与个股，无异于火中取栗，风险极大，利润却极低。

## 二、主力操盘的手法

**主力操盘手法** ➡ 所谓主力操盘手法，是指主力为了实现某一控盘环节的成功，在盘口中通过较为特殊的方式进行买卖，以图达到欺骗市场、顺利展开控盘。在各个控盘环节中，都有一些典型的操盘手法以帮助主力顺利完成这一阶段的控盘任务。

例如：在建仓阶段，主力的主要任务是买入筹码。此时，通过盘中打压个股，使市场认为个股深不见底，主力就可以从中吸取大量的廉价筹码，成功完成这一阶段的控盘任务；又如，在出货阶段，主力通过短短数日的对倒造量拉升方式，可以激发一定的追涨情绪，让市场投资者在判断错误的基础之上进行高位接盘。

一般来说，主力在整个控盘过程中，所采用的具体操盘手法主要有：打压手法、对倒造量拉升手法、涨停板手法、下托上压手法、向下或向上试盘手法等。在前面的控盘过程讲解中，我们讲过了震仓及洗盘时的打压手法、出货时的对倒造量拉升手法，下面我们再结合具体实例来看看这些操盘手法是如何应用于其他控盘环节的。

图 3-31 为柳工（000528）2008 年 6 月 18 日至 12 月 22 日期间走势图，此股在深幅下跌后的低位区又出现了一波快速且幅度较大的下跌走势，这是主力结合同期大盘震荡而对个股进行打压的体现，其目的就是为随后的建仓创造一个更好的价位及条件。

在打压时，由于个股的短期快速下跌势必会使市场形成恐慌情绪，如果散户投资者没及时卖出的话，其账面资金会短期大幅缩小，随后，当个股反弹至打压前的位置处时，多会有一种逢"高"卖股的冲动，而主力正可借此

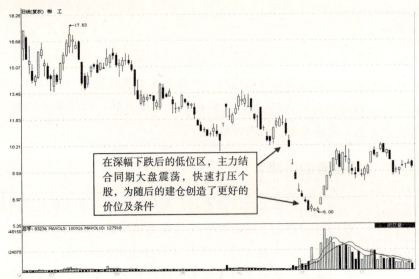

在深幅下跌后的低位区，主力结合同期大盘震荡，快速打压个股，为随后的建仓创造了更好的价位及条件

图 3-31　柳工主力建仓前的打压个股示意图

心态实施大力、快速的建仓。

涨停板，多出现在上升途中，它往往是主力资金短期内强势拉升个股的信号，在实盘操作中，如果个股前期走势较为稳健、目前累计涨幅不大，一旦其出现涨停板形态，则这往往就是主力资金开始拉升个股的信号。

图 3-32 为大冷股份（000530）2008 年 9 月至 2009 年 5 月期间走势图，

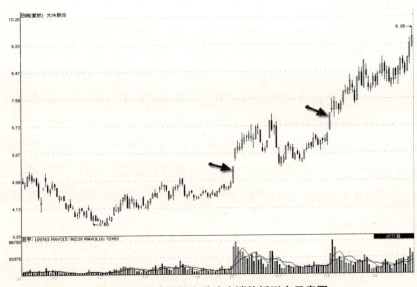

图 3-32　大冷股份上升途中涨停板形态示意图

主力在拉升个股时，是采取以涨停板的方式作为启动标志的。

小提示

　　主力的操盘手法是为控盘过程服务的，在某一个特定的控盘环节中，不同类型的主力有可能采取不同的操盘手法，此时，我们应灵活应变，以控盘环节为主线、为操盘手法为验证，这样才可以更为准确地分析出主力的市场行为。

## 三、从局部形态分析主力行为

　　从局部走势形态出发，我们可以分析出个股是处于买盘主导还是处于卖盘主导，这具体就体现在"牛长熊短"与"牛短熊长"的两种形态上。

**牛长熊短** ➡ 牛长熊短走势是指个股在一波上涨及随后的回调走势中，其上涨走势持续的时间更长、幅度更大，而随后的回调下跌走势则显得相对短暂、仓促；一般来说，这种形态是主力买入力度大于卖出力度的体现，它常出现在主力的建仓阶段、拉升阶段。

　　图 3-33 为力合股份（000532）2008 年 7 月 31 日至 2009 年 1 月 12 日期

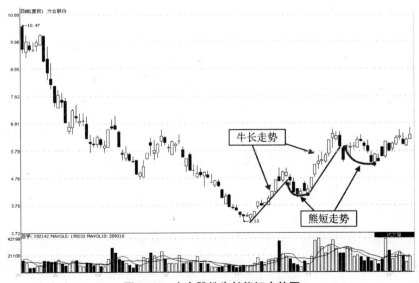

图 3-33 力合股份牛长熊短走势图

间走势图，此股在深幅下跌后的低位区，出现了止跌企稳回升的走势，并且在这一段时间内呈现出明显的牛长熊短走势，这是主力开始积极建仓的体现，也是我们可以买股布局的信号。

**牛短熊长** ➡️ 牛短熊长走势是指个股在一波上涨及随后的下跌走势中，其上涨走势持续的时间较短、较仓促，而随后下跌走势则持续时间更长、力度更大；一般来说，这种形态是主力卖出力度大于买入力度的体现，它常出现在主力的出货阶段。

图3-34为中国软件（600536）2009年2月24日至8月25日期间走势图，此股在大幅上涨后的高位区出现了长时间的震荡滞涨走势，并且在震荡滞涨走势中呈现出了典型的牛短熊长形态，这是主力资金开始进行出货的反映，此时，我们应及时地逢高卖股。

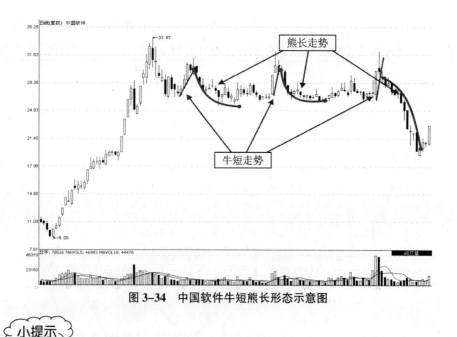

图3-34 中国软件牛短熊长形态示意图

💭 **小提示**

牛长熊短与牛短熊长走势是最常见的两种局部形态，它们反映着主力的市场行为，是我们把握机会、规避风险时应重点注意的典型形态。

## 四、从趋势运行把握主力动向

主力的一轮控盘过程往往也是个股实现一轮完整趋势演变的过程，主力建仓区相当于个股的底部区，主力拉升个股时，此时的个股会步入上升趋势中，当主力开始展开出货时，个股则进入顶部区，主力出货较为充分时，会利用手中余筹进行打压出货，此时的个股则步入到下跌趋势中。利用趋势循环的观点，再结合主力的控盘过程，我们就可以从宏观的角度来更好地把握个股的走势了。

### 小提示

有主力控盘的个股，其趋势运行过程往往呈大起大落状，参与这样的个股，如果我们选择时机恰当，则可获取惊人的利润；反之，无主力控盘的个股，其趋势运行过程则显得过于平缓，参与这样的个股，即使我们买到了最低点，其获利幅度也往往是不尽如人意的。

# 第五节　什么是板块效应

### ● 本节要点
1. 什么是板块联动效应
2. 利用板块联动实施套利

### ● 节前概述

在本章的第一节中，我们讲解了板块的概念，同一板块之间的个股因具备了相同的题材、概念、行业特征等因素，使其存在着较大的相关度，那么，在实际的盘面走势中，同一板块之间的个股又存在着怎样的相互影响呢？本节中，我们就来看看如何利用同一板块内的不同个股之间的联动效应进行套利。

## 一、什么是板块联动效应

| 板块联动效应 ⟹ | 板块联动效应是指：同一板块内的个股，某一只个股或某几只个股率先上涨，而涨势凌厉，从而在随后带动了同一板块内其他一些个股强势补涨，这是上涨时的联动效应；反之，在下跌时，也存在着这种联动效应，此时体现为补跌。 |
|---|---|

## 二、利用板块联动实施套利

当同一板块内的某些个股强势上涨时，此时，我们可以积极发掘同一板块内与这些率先上涨股共性最大的个股，进行短线买入操作，从而实施套利操作。这里，我们使用了"套利"这个概念，它是期货市场中的一种交易方式，是一种利用市场非理性因素而形成的差价进行的无风险获利操作。

图 3-35 为西藏矿业（000762）2008 年 9 月 18 日至 2009 年 2 月 6 日期间走势图，如图中标注所示，此股在 2009 年 1 月 22 日前实现的突破上涨，且短期涨幅力度巨大，此股隶属于有色金属板块，以拥有独特的稀缺矿产资源为最大特点。依据此股的强势上涨势头，我们可以将注意力转移至本板块

**图 3-35　西藏矿业走势图**

中也具有稀缺矿产资源的个股身上。

通过盘面形态及个股基本面，包钢稀土与贵研铂业这两只股票走势较为稳健，在 2009 年 1 月 22 日正处于刚刚突破盘整区的位置处，在西藏矿业强势上涨的带动下，这两只股票有着较强的补涨潜力，因此，此时我们可以积极地买股布局，图 3-36、图 3-37 分别标示了这两只股票在 2009 年 1 月 22

图 3-36　包钢稀土 2009 年 1 月 22 日前后走势图

图 3-37　贵研铂业 2009 年 1 月 22 日前后走势图

日前后的走势情况。

小提示

　　利用板块联动效应来发掘补涨潜力大的个股时，我们应积极搜寻那些与龙头股特点最相似的个股，毕竟同一板块中的个股有很多，我们无法全盘布局，而且也并不是同一板块中的所有个股都具有补涨潜力的。

# 第四章 统筹兼顾，综合解读 K 线形态

技术分析也往往称之为图表分析，图表分析指代的就是 K 线形态。形态，是技术分析领域中的核心内容，在股市技术分析领域中，能正确地识别形态、把握形态，可以说是一项重要的基本功。本章及随后的两章中，我们结合 K 线形态所具有的看涨、看跌含义，来看看如何利用形态来预测价格的后期走势。

## 第一节 为何要关注形态

### ● 本节要点

为何要关注形态

### ● 节前概述

形态，也就是 K 线形态。透过 K 线走势形态，我们不仅可以看清价格的历史运行轨迹，甚至还能看到多空双方力量的转变过程，从而为预测价格的后期走势服务。很多投资者只是简单地将 K 线形态看做是价格历史走势的一种反映形式，而忽略了其所蕴涵的丰富市场含义，本节中，我们就来看看为何要关注形态。

K 线形态，对我们的短线操作、中长线操作，都具有重要的指导意义。例如典型的单根、双根、三根等 K 线形态，当其出现在较为特殊的区域时（例如一波上涨后的高点或是一波下跌后的低点），往往是价格走势阶段性转

向的风向标；而多日组合而成的经典反转形态出现在趋势运行的特殊位置区时，往往会成为趋势转向的风向标。

K线形态蕴涵了丰富的市场含义，无论是单根形态、双根形态还是多根形态，它们既是市场交投过程、交投结果的体现，也是多空力量转换过程的图形反映。对于K线形态所包含的市场含义，我们需要学习才能进行更好的解读、破译。

此外，我们要以设定K线的时间周期，日K线以"日"为时间单位，是我们最常用的；周K线则以"周"为时间单位，它有利于我们摒除掉价格的偶然性波动，使我们更清晰地了解到多空力量的整体对比情况，从而准确把握住趋势的运行情况。

小提示

当我们开始关注于K线形态时，就已正式进入到技术分析领域的核心区域。虽然形态蕴涵了丰富的市场含义，但形态毕竟只是多空交锋过程、交锋结果的一种体现。透过K线形态，我们是无法了解到多空双方的交锋力度的，这就需要成交量来补足。本章中我们讲解形态，下一章中，我们讲解成交量，将"形态"与"成交量"综合运用的方法称为量价结合，这也是技术分析的重中之重。

## 第二节  如何解读单根K线

● 本节要点

1. 单根K线的构成

2. 实体与影线的市场含义

● 节前概述

单根K线是K线图的最基本构成单位，要想更好地理解多根K线组合形态的市场含义，我们就要从基础着手，首先来掌握解读单根K线的方法，本节中，我们就来看看单根 K 线的构成及其各部分所表示的市场含义。

## 一、单根 K 线的构成

单根 K 线是最基本的 K 线图构成单位，将一根根的单根 K 线在以价格为纵轴、以时间为横轴的一个平面中依次排列，我们就可以得到 K 线走势图。图 4-1 为单根 K 线示意图，相信读者对单根 K 线的阴线、阳线之分，四个价位的构成素（开盘价、收盘价、最高价、最低价）是较为清楚的。那么，从单根 K 线形态中，我们能获取什么信息呢？

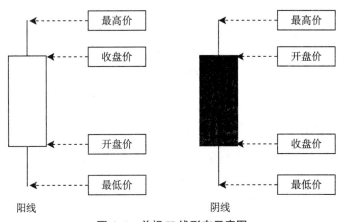

图 4-1　单根 K 线形态示意图

为了便于讨论，我们要将单根 K 线解构，将其划分为三个部分。这三个部分是上影线、实体、下影线。开盘价与收盘价之间的矩形为实体，实体之上的部分是上影线，实体之下的部分是下影线。

## 二、实体与影线的市场含义

单根 K 线所蕴涵的市场含义就是通过实体与影线的长短来反映的。实体，是多空双方交锋结果的体现，也是多空双方实力的反映，对于阳线形态来说，实体越长，说明多方力量越占优势，反之，对于阴线形态来说，实体越长，则说明空方力量越占优势。

影线，则是多空双方交锋过程的体现。相同的结果，如果其交锋过程完全不同，则它所蕴涵的市场含义往往也是截然不同的。长长的上影线可能是多方开始发动反击的标志，也有可能是空方盘中抛压突然大量涌出的标志；

长长的下影线可能是空方开始强力打压的信号，也可能是多方强势反击的标志。在结合价格走势的基础之上，我们可以透过影线的形态来更好地了解多空双方的交锋情况，从而及时把握多空力量的转变情况，并准确预测价格的后期走势。

⌒小提示⌒

典型的单根 K 线形态如探底神针、射击之星等，它们往往可以及时地反映出价格的短期高点与低点，是我们进行短线操作时的重点关注的形态。

## 第三节　如何解读两根 K 线

● **本节要点**

1. 单根 K 线的多空区域划分方法
2. 两根 K 线的位置关系与市场含义

● **节前概述**

解读两根 K 线组合形态所蕴涵的市场含义时相对复杂一些，因为，我们除了要考虑每根 K 线的阴阳情况，还同时要考虑它们之间的位置关系。本节中，我们就在划分单根 K 线多空区域的基础之上，结合两根 K 线的阴阳情况及位置关系，来看看两根 K 线中典型的多方占优与空方占优形态。

### 一、单根 K 线的多空区域划分方法

对于单根 K 线，我们可以从实体与影线的角度来解读它的市场含义。但对于两根及两根以上的 K 线组合形态，我们则既要关注它的每一根 K 线形态，也要关注每根 K 线之间的相互位置关系。下面我们来看看如何利用两根 K 线之间的位置关系来判断市况。

在两根 K 线组合中，第一根 K 线是研判行情的基础，我们可以依据多空力量的强弱变化，将其划分为五个区域，如图 4-2 为单根 K 线的多空区域

划分方法。

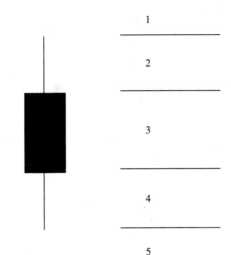

**图 4-2　单根 K 线的多空区域划分示意图**

从区域 1 至区域 5 体现了空方力量渐强、多方力量渐弱的这样一种变化过程。再依据第二根 K 线与第一根 K 线之间的位置关系，我们就可以更好地了解到当前是空方力量占优还是多方力量占优了。

## 二、两根 K 线的位置关系与市场含义

了解了单根 K 线的多空区域划分方法后，我们就可以利用两根 K 线之间的位置关系来分析其所蕴涵的市场含义了。

在两根 K 线组合形态中，如果第二个交易日中多空双方密集交投的区域越高，则越有利于后期上涨；反之，如果第二个交易日中多空双方密集交投区域越低，则越有利于后期下跌。除了关注两根 K 线之间的位置关系外，我们还要关注两根 K 线的阴阳情况，可以说，这两根 K 线所包含的市场信息就体现在它们的相对位置及阴阳情况上。

图 4-3 为两根 K 线中典型的多方占优组合形态与典型的空方占优组合形态。在典型的多方占优组合形态中，我们可以看到，两根 K 线均为阳线，且第二根 K 线密集交投于第一根 K 线中的多方力量较强的区域，这是买盘积极推动价格上涨的标志，也是多方力量明显占优的体现；在典型的空方占优组合形态中，两根 K 线均为阴线，且第二根 K 线密集交投于第一根 K 线中

的空方力量较强的区域，这是卖盘积极打压价格下跌的标志，也是空方力量明显占优的体现。

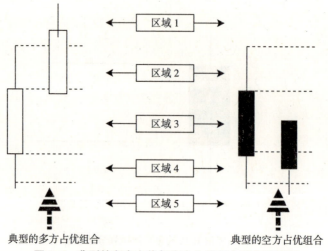

典型的多方占优组合　　　　　　　　　　　　典型的空方占优组合

**图4-3　典型的多方占优与空方占优组合形态示意图**

小提示

典型的双根K线形态如抱线、孕线、多方炮、空方炮、乌云盖顶等，它们往往可以及时地反映出价格的短期高点与低点，是我们进行短线操作时重点关注的形态。

# 第四节　关注形态时的注意要素

● **本节要点**

1. 关注个股前期走势情况

2. 关注 K 线组合方式

3. 关注量能变化情况

4. 结合不同周期运用 K 线

● 节前概述

在利用 K 线形态分析、预测价格走势时，我们要从多个角度综合出发，只有这样，才能客观地解读出当前市场中多空力量的转变情况，进而准确地预测价格走势。一般来说，个股的前期走势情况、K 线的具体组合方式、量能的变化情况、K 线的周期设定这几方面是我们应统筹兼顾的要素。本节中，我们就结合这几点要素来讲解 K 线的具体运用方法。

## 一、关注个股前期走势情况

关注个股的前期走势情况，其实，也就是关注个股整体的趋势运行情况及阶段性的上涨或下跌情况。在上升趋势中，我们宜结合个股的波动方式来进行操作，既可以是看长做短的高抛低吸短线操作，也可以是持股待涨的中长线操作。在下跌趋势中，则只宜进行偶尔的博取反弹操作。

在明确了趋势的运行情况之后，依据以上的操作思路，我们就可以在结合个股阶段性走势的基础之上展开操作。例如在上升趋势中，如果个股在短期内出现了一波快速的上涨，则此时可以利用典型的看跌 K 线组合形态进行短线"高抛"操作；反之，如果个股在短期内出现了一波快速回调的下跌走势，则此时可以利用典型的看涨 K 线组合形态进行短线"低吸"操作。在下跌趋势中，如果个股在短期内出现了一波速度较快、幅度较大的下跌走势，则可以适当地参与反弹行情。

图 4-4 为风神股份（600469）2008 年 12 月 9 日至 2009 年 8 月 21 日期间走势图，如图标注所示，利用移动平均线的多头排列形态，我们可以很容易地识别出此股正处于上升趋势中。在上升途中，个股出现了一波深幅调整走势，在回调后的低点处，我们就可以利用一些典型的看涨 K 线组合形态来进行短线买股操作，对于这些典型的看涨 K 线组合形态（如红三兵、长下影线、出水芙蓉等），我们将在第五章中结合实例进行系统性的讲解。

⤵ 小提示

无论是利用 K 线形态进行短线操作还是进行中长线操作，在此之前的趋势运行情况及短期走势情况，都是我们应关注的对象。

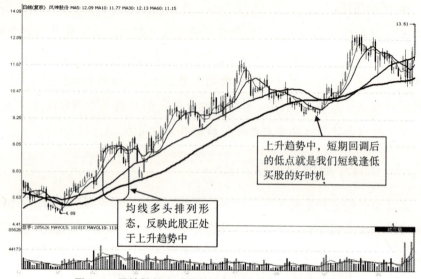

日线(复权) 凤神股份 MA5: 12.09 MA10: 11.77 MA30: 12.13 MA60: 11.15

上升趋势中，短期回调后的低点就是我们短线逢低买股的好时机

均线多头排列形态，反映此股正处于上升趋势中

图4-4 凤神股份上升趋势中回调后的短线低吸示意图

## 二、关注K线组合方式

对于K线的组合方式来说，可以统分为两种，一种是局部K线组合，一种是整体组合。局部K线组合主要有单根K线、两根K线组合、三根K线组合，这些形态是我们在阶段性的高点或低点进行短线操作时所要用到的；整体组合则主要有顶部反转形态、底部反转形态、趋势中继形态，这些形态是我们分析趋势运行及反转时所要用到的。可以说，不同的组合方式有不同的用途，在特定的操作中使用特定的组合形态才能奏效。

小提示

"工欲善其事，必先利其器"，局部组合形态只适于短线操作，它们是短线操作中的利器；整体组合形态则只适于中长线操作，它们是中长线操作中的利器。

## 三、关注量能变化情况

美国著名的投资专家格兰维尔曾经说过，"成交量是股票的元气，而股价是成交量的反映罢了，成交量的变化，是股价变化的前兆"。

"量在价先"，是技术分析领域中的经典之言。只关注形态而不关注量能，我们就不可能全面掌握市场的真实交投情况。相同的 K 线形态完全有可能演绎出不同的后期走势，此时，透过量能的具体形态，我们才能更好地洞悉其中的奥秘所在，因此在关注 K 线形态时，我们一定要关注成交量的变化情况。

图 4-5 为弘业股份（600128）2009 年 3 月 10 日至 11 月 20 日期间走势图，此股在相对低位区出现了长时间的盘整震荡走势，随后，以一个向上跳空的突破缺口走势实现了对这一盘整区的突破（如图中箭头标注所示），仅从形态上来看，这似乎是多方力量蓄势待发、主力拉升迫在眉睫的信号，然而，实际的情况并非如此。

图 4-5　弘业股份突破上行时的脉冲放量形态示意图

此股突破当日的量能呈现出了较为突兀的单日巨量，这是量能的脉冲式放大，在后面的章节中，我们将了解到在这种量能状态下，个股是无法突破上行的，这种量能形态也说明了个股的突破走势只是虚晃一枪罢了。如图 4-6 标示了此股随后的走势情况。

小提示

如果一种看涨形态或看跌形态获得了成交量的支持，它的准确率将会更高，这也是我们展开成功交易的关键所在。

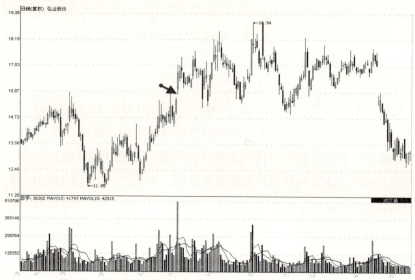

**图 4-6 弘业股份突破上行时的脉冲放量形态出现后走势图**

## 四、结合不同周期运用 K 线

常用的 K 线时间周期有"日 K 线"、"周 K 线"、"月 K 线"等,不同时间周期下的 K 线有不同的优势,例如:日 K 线更适于进行中短线操作,而周 K 线则更有助于使我们看清趋势的运行情况。

小提示

在实盘操作中,我们可以利用周 K 线来分析、把握趋势的运行情况,而利用日 K 线的组合形态展开交易。

# 第五章　买在低点，短线看涨形态

买得好，才能最大限度地规避风险、获取利润。看涨形态，是我们进行短线买入操作时的重要依据。它们可以使我们及时地把握住一波回调后的低点，让我们在第一时间内把握住买股时机。本章中，我们将介绍股市中一些较为经典的短线看涨形态。

## 第一节　长下影线

长下影线形态是下影线很长，而实体则相对短小的一种单根 K 线形态。当这种形态出现在短期深幅下跌之后，将具有明显的实战意义。此时的长下影线可以看做是多方在短期内有较强反攻意图的信号，是个股一波反弹上涨走势呼之欲出的标志。此时，我们可以积极地进行短线买股操作。

图 5-1 为长春经开（600215）2010 年 4 月 12 日至 8 月 17 日期间走势图，此股在经短期深幅下跌后，于一波快速下跌后的低点出现了一个下影线极长、实体较短的长下影线形态，此时，我们可以及时地进行短线买股操作。

图 5-2 为中达股份（600074）2010 年 5 月 12 日至 9 月 10 日期间走势图，此股在短期的深幅下跌后，于低位区出现了一个长长的下影线形态，这是多方开始发起阶段性反攻的信号。此时，我们可以进行短线买股操作。

图 5-1　长春经开长下影线形态示意图

图 5-2　中达股份长下影线形态示意图

小提示

　　在利用长下影线形态进行短线买股操作时，我们一定要结合价格的阶段性走势情况来操作。这种方法也同样适用于其他的局部 K 线组合形态，一般来说，当典型的看涨形态出现在阶段性的低点时，才是更为可靠的看涨信号，此时买股，也才能更为准确。

## 第二节　出水芙蓉

出水芙蓉，是一种将单根 K 线形态与移动平均线相结合的产物，它是指一根大阳线向上穿越 MA5、MA10、MA20 三根均线的形态。

这种形态可以出现在低位区的盘整走势中，也可以出现在一波回调走势之后，当它出现在盘整走势中时，往往预示着个股突破上行的概率较大；当它出现在一波回调走势之后，往往预示着一波反弹上涨行情即将出现。

图 5-3 为 *ST 百科（600077）2009 年 8 月 17 日至 2010 年 1 月 5 日期间走势图，图中的三根均线分别为 5 日均线 MA5、10 日均线 MA10、20 日均线 MA20。如图中箭头标注所示，此股在低位盘整走势中出现了一根向上贯穿这三根均线的大阳线，这就是出水芙蓉形态，它预示着个股即将突破上行，是我们可以短线买股的信号。

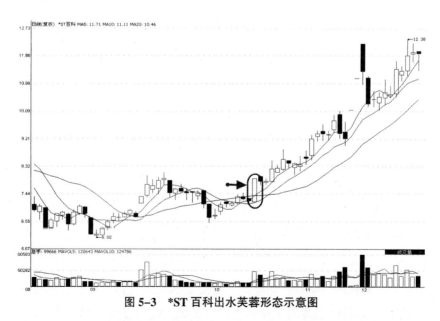

**图 5-3　*ST 百科出水芙蓉形态示意图**

图 5-4 为 *ST 中葡（600084）2010 年 5 月 4 日至 8 月 9 日期间走势图，如图中箭头标注所示，此股在一波深幅调整后的低位区出现了一个出水芙蓉

形态，这是多方力量开始强势反击的信号，预示着一波反弹上涨走势即将出现，此时，我们可以积极地买股布局。

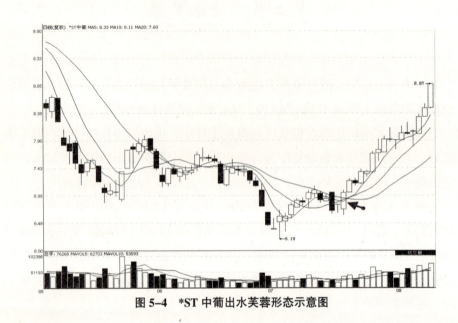

图 5-4　*ST 中葡出水芙蓉形态示意图

小提示

　　出水芙蓉形态将均线与 K 线进行了有机结合，它既具有均线的优点，也同时具有 K 线的优点，因此在利用其进行实盘操作时，成功率往往较高。

## 第三节　看涨抱线

　　看涨抱线隶属于抱线形态，抱线是一种前短后长、后面一根长 K 线完全"盖"住前面一根短 K 线的双日组合形态（即前面一根短 K 线的最低价高于后面一根长 K 线的最低价，而前面一根短 K 线的最高价则低于后面一根长 K 线的最高价）。看涨抱线是一种第一根短 K 线为阴线、第二根长 K 线为阳线的抱线形态。

　　看涨抱线往往出现在一波深幅下跌后的低点，第一根短阴线是价格走势惯性下跌的表现，第二根低开高走的大阳线则是多方力量突然大幅增强的信号，也是短期内多空力量对比情况快速转变的标志，往往预示着一波快速的反弹上涨走势即将展开，是我们短线买股的信号。

图 5-5 为首开股份（600376）2010 年 7 月 20 日至 10 月 15 日期间走势图，如图中箭头标注所示，此股在一波深幅调整后的低点，出现了一个前小阴线、后大阳线的看涨抱线形态，在这种抱线形态中，我们可以看到后面一根长 K 线完全"盖"住了前面一根短 K 线，这也正是抱线的典型特点。这种低点的看涨抱线形态就是短期内多方力量快速增强的信号，也是个股一波反弹上涨走势即将出现的标志，此时，我们应及时地进行短线买股操作。

图 5-5　首开股份看涨抱线形态示意图

图 5-6 为宝光股份（600379）2010 年 5 月 24 日至 9 月 3 日期间走势图，此股在深幅调整后的低点区出现了一个看涨抱线形态，这同样是预示着个股短期内将反弹上涨的信号。

小提示

与看涨抱线正好相反的是看跌抱线，它经常出现在阶段性的高点，是我们短线卖股的信号。

图 5-6 宝光股份看涨抱线形态示意图

## 第四节 阳孕线

阳孕线隶属于孕线形态，孕线是一种前长后短、后面一根短 K 线完全 "孕" 于前面一根长 K 线之中的双日组合形态（即后面一根短 K 线的最低价 高于前面一根长 K 线的最低价，而后面一根短 K 线的最高价则低于前面一 根长 K 线的最高价）。阳孕线是一种第一根长 K 线为阴线、第二根短 K 线为 阳线的孕线形态。

阳孕线多出现在一波深幅下跌后的低点，第一根长阴线说明虽然当前的 空方仍旧占优，但由于此时的个股处于阶段性的低点，这根长阴线也是空方 力量短期内趋于枯竭的信号；次日，个股高开并小幅高走，这是空方已无力 再度打压而多方力量开始逐步转强的信号，此时，我们可以买股布局。

图 5-7 为英特集团（000410）2009 年 9 月 14 日至 11 月 17 日期间走势 图，如图中箭头标注所示，此股在一波深幅调整后的低点出现了一个前长后 短、前阴后阳的阳孕线形态，这是多方力量出现阶段转强的信号，此时，我 们可以积极地买股布局。

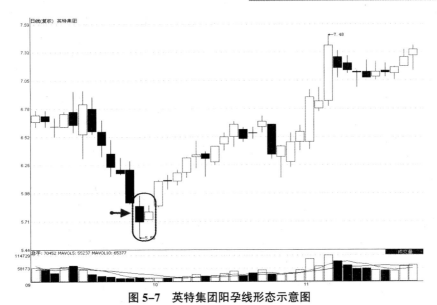

图 5-7　英特集团阳孕线形态示意图

图 5-8 为丽珠集团（000513）2010 年 5 月 18 日至 9 月 13 期间走势图，此股在深幅调整后的低点先是出现了一根大阴线，随后是多根小阳线、小阴线，而且这多根小阳线、小阴线均孕于前面一根长阴线之内，这也可以看做是阳孕线。当它出现在阶段性的低点时，同样是一波上涨走势即将出现的信号。

图 5-8　丽珠集团阳孕线形态示意图

小提示

与阳孕线正好相反的是阴孕线，它经常出现在阶段性的高点，是我们短线卖股的信号。

# 第五节　多方炮

多方炮是一种三根 K 线的组合形态，它的组合顺序是：阳线、阴线、阳线。而且，两根阳线的实体相对较长而中间阴线的实体则相对短小。这种形态可以看做是多方发动攻势的一种形态，它常常出现在一波上涨走势的初期或是盘整突破的位置处，在实盘中，出现在这两个位置区的多方炮形态是我们短线买股的信号。

图 5-9 为四川双马（000935）2009 年 7 月 2 日至 11 月 25 日期间走势图，此股在突破长期盘整区的箱体上沿时，是以一个两阳夹一阴的多方炮形态来完成的，当这种形态出现在箱体突破区且突破形态鲜明时，可以看做是

图 5-9　四川双马多方炮形态示意图

主力资金短期内有意拉升个股的信号，此时，我们可以积极地买股做多。

图 5-10 为承德露露（000848）2010 年 6 月 1 日至 9 月 30 日期间走势图，如图中标注所示，此股在一波上涨走势中出现了多个多方炮形态，这说明多方当前已明显占据了主导地位且有较好的上攻意图。在实盘操作中，在涨势初期出现的第一个多方炮形态是我们短线追涨买股的信号，随后出现的多方炮形态则是我们仍可以持股待涨的信号。

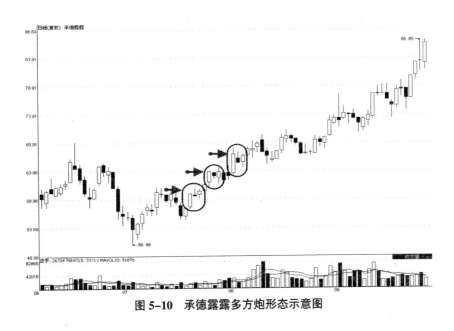

图 5-10　承德露露多方炮形态示意图

小提示

与多方炮正好相反的是空方炮，它经常出现在阶段性的高点，是我们短线卖股的信号。

## 第六节　双针探底

双针探底形态是指：个股在一波下跌后的低点，连续出现了两个下影线较长、实体较短、两日的最低价相差无几的 K 线。

这种形态是空方连续两日打压未果的表现，也说明了多方当前有着较强的承接能力，预示着一波反弹上涨走势即将出现，此时，我们可以积极地买股布局。

图 5-11 为宁波富达（600724）2010 年 4 月 20 日至 8 月 5 日期间走势图，此股在深幅调整后的阶段性低点出现了连续两日下影线极长的双针探底形态，这说明个股短期内难以再度下跌，而多方则有较强的反攻意图，此时，我们可以积极地进行短线买股操作。

图 5-11　宁波富达双针探底形态示意图

图 5-12 为丰原生化（000930）2010 年 4 月 12 日至 8 月 9 日期间走势图，此股在阶段性低点出现了两日最低价相近且两日都是长下影线的组合形态，这就是出现在阶段性低点的双针探底形态，它是一种经典的短线看涨形态。此时，我们可以积极地买股布局，进行短线操作。

**小提示**

双针探底可以看做是单针探底的一种变形，但由于这种形态多了一次探底，因此其所预示的短期底部也更为可靠。在个股的走势中，单针探底也常出现在一波下跌走势的途中，此时，我们需结合个股阶段性跌幅才能利用此形态进行短线买股操作；而双针探底则很少出现在下跌途中，它只要出现，

图 5-12　丰原生化双针探底形态示意图

一般来说个股的短期跌势就会止住。

## 第七节　高开跃升线

高开跃升线也可以称为高开穿越线，它往往出现在一波急速下跌途中，它是价格短期内的急速反转形态。这种形态是由前面一根阴线、后面一根大阳线组合而成，且后面一根大阳线往往是高开高走，其开盘价明显高于前一日阴线收盘价，并且也往往高于前一日的最高价，这使得后一根大阳线相对于前一根阴线来说形成了向上穿越。

出现高开跃升线形态的个股往往是主力参与的结果，在个股的一波急速下跌中，由于主力资金仍持仓较重，为了避免股价跌幅过大而主力过于被动，因此主力展开了强势反攻，个股也往往会以这种高开跃升线拉升短线反攻序幕。

图 5-13 为华润锦华（000810）2010 年 4 月 20 日至 7 月 23 日期间走势图，此股在一波急速下跌走势中，出现了一个前日阴线、次日大阳并向上穿

越的高开跃升线，这是主力短期内有意急势反攻的标志，预示着个股短期飙升走势的展开。

**图 5-13　华润锦华高开跃升线形态示意图**

图 5-14 为 *ST 精伦（600355）2009 年 6 月 22 日至 9 月 17 日期间走势图，此股在一波快速下跌的途中出现了这种高开跃升线形态，相对于其他的短线看涨形态来说，这种预示着阶段性上涨走势开始的形态更为激进。在实

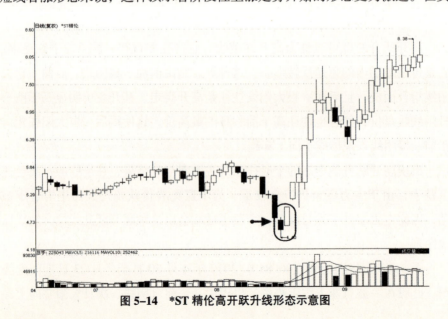

**图 5-14　*ST 精伦高开跃升线形态示意图**

盘操作中，如果个股的阶段性幅度较大，而第二根向上穿越的大阳线又是以涨停板的形态出现，则我们可以及时地追涨买入，以分享主力短期快速拉升成果。

*小提示*

高开跃升线往往是有主力参与才形成的，而且，它反映了主力短期内的快速拉升意愿，因此相对于其他的短线看涨形态来说，此种形态更为激进，在实盘操作中，我们的出击应更果断才行。

# 第八节 涨停突破线

涨停板是个股走势极端的表现，也是主力将有所行动的信号。如果一只个股在经历了长期的盘整震荡之后以一个涨停板的形态实现了突破，或是在震荡缓升的走势中以一个涨停板的形态加速了上涨势头，则说明此股前期有主力资金在积极地"蓄势"，而当前的涨停板则是个股快速上涨走势"待发"的体现。这就是所谓的涨停突破线。

当涨停突破线出现时，如果个股的前期累计涨幅不大，我们就应及时地追涨买入，因为这是主力资金短期内将强势拉升个股的预示，而个股则很有可能演变为短线黑马。

图 5-15 为万向钱潮（000559）2010 年 3 月 25 日分时图，当日此股强势涨停，查看此股的日线图可以看到（见图 5-16），此股当日的这一涨停板使其形成了涨停突破线形态，而且此股前期累计涨幅不大，因此这是预示着个股短期飙升走势将展开的信号，此时，我们应及时追涨买入。

图 5-17 为老白干酒（600559）2009 年 3 月 26 日至 8 月 6 日期间走势图，此股在上升途中累计涨幅不大的位置处出现了长期的横盘整理走势，随后，以一个涨停突破线宣告盘整走势的结束及短期大幅飙升走势的开始。

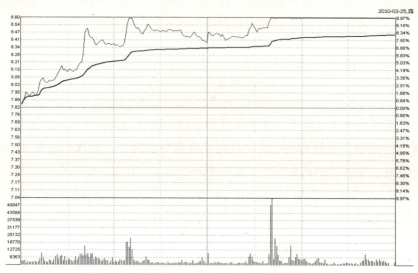

图 5-15　万向钱潮 2010 年 3 月 25 日涨停分时图

图 5-16　万向钱潮 2010 年 3 月 25 日前后走势图

　　图 5-18 为安阳钢铁（600569）2009 年 4 月 27 日至 8 月 5 日期间走势图，此股在震荡缓升的走势，以一个涨停板的形态开始加速上涨，这同样属于涨停突破线形态；它出现在震荡缓升的走势中对个股上涨有加速作用。从图中可以看到，在这一涨停板出现之后，此股的短期上涨速度明显加快，因

此这一形态可以说是我们短线买股的极佳信号。

图 5-17　老白干酒涨停突破线形态示意图

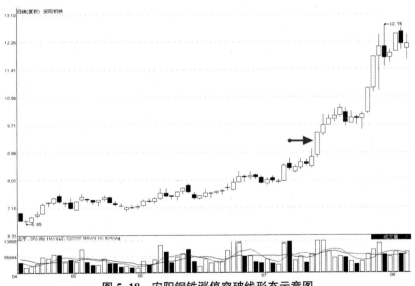

图 5-18　安阳钢铁涨停突破线形态示意图

小提示

　　相对于其他几种短线看涨形态来说，涨停板突破的短线实战意义更突出，因为它是我们捕捉短线黑马甚至是短线翻倍黑马的重要手段。充分地理解并把握好这种形态，我们就相当于掌握了股市中的"小李飞刀"绝技，获取利润自然易如反掌。

## 第九节　红三兵

红三兵是一种常见的看涨组合形态，它由三根中小阳线组合形成。由于这种组合形态的出现太过频繁，因此在实盘操作中，要想成功利用红三兵形态进行买股操作，我们还需注意两点：一是关注红三兵形态出现的位置，只有当红三兵出现在一波深幅下跌后的阶段性低点或是上升途中盘整突破走势中时，才是可靠的短线看涨形态；二是关注红三兵出现的三日是否有量能的温和放大，一般来说，如果有量能的温和放大，则说明买盘较为充足，这是个股短期上涨动力较足的体现。

图 5-19 为天山股份（000877）2009 年 7 月 15 日至 12 月 2 日期间走势图，如图标注所示，此股在盘整突破区的位置处出现了连续三根中小阳线的红三兵形态，而且这三日的成交量也温和放大，这说明买盘较为充足且有意推动个股突破上行，此时，我们可以买股布局。

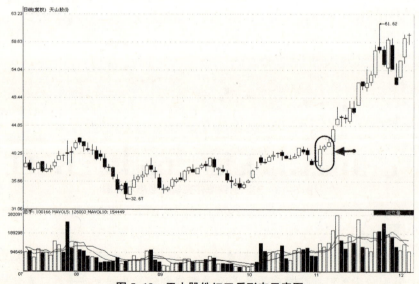

**图 5-19　天山股份红三兵形态示意图**

图 5-20 为中国宝安（000009）2010 年 4 月 21 日至 8 月 23 日期间走势图，此股在深幅调整后的低点区出现了温和放量的红三兵形态，这是买盘开始持续流入个股的信号，预示着短期内的下跌走势已经止住，此时，我们可以积极地进行短线买股操作。

图 5-20　中国宝安红三兵形态示意图

小提示

与红三兵形态正好相反的是黑三鸦形态，它经常出现在阶段性的高点，是我们短线卖股的信号。

# 第十节　突破缺口

缺口，是价格走势中的一种跳动，很多投资者将其归因为偶然性因素所致，然而情况并非如此。缺口，既有可能是多空双方某一方力量开始加速进攻的信号，也有可能是主力资金展开行动的信号，在结合价格走势的基础之上，利用缺口形态，我们就可以更好地把握机会、规避风险。

　　突破缺口，也可以称为震荡走势后的向上突破缺口，它出现在上升途中的盘整走势之后，是个股以一个跳空向上的运行方式对盘整区实现突破的形式。如果此时的个股前期累计涨幅相对较小，则这种突破缺口的实战意义就极为突出，因为，它是个股短期内将加速上行的标志。这种缺口也是我们在短线操作时应重点关注的对象。

　　图5-21为工商银行（601398）2009年3月9日至6月29日期间走势图，如图中箭头标注所示，在震荡上扬的过程中，此股出现了一个向上跳空的突破缺口，这说明多方力量当前已明显占据主动，而且也是其上涨势头加快的信号，此时，我们可以买股布局。

**图 5-21　工商银行突破缺口形态示意图**

　　值得注意的是：此股是一只超级大盘股，它的走势取决于众多机构资金、散户投资者的做多与做空行为，可以说，它的走势并非由单独的某一只主力资金引导，而是由众多资金所形成的合力效果。

　　图5-22为煤气化（000968）2009年4月14日至7月27日期间走势图，此股在上升途的盘整走势后，出现了一个向上跳空的突破缺口，相对工商银行的突破缺口而言，此股作为一只股本相对较小的个股，其突破缺口更是主力控盘行为的体现，由于此股前期累计涨幅相对有限，因此这一突破缺口可以看做是主力资金有意强势拉升个股的信号。

图 5-22  煤气化突破缺口形态示意图

小提示

　　突破缺口与前面讲过的涨停突破线往往会同时出现，这时的形态可以称为涨停突破缺口。一般来说，这是主力控盘能力极强而且短期内有意强势拉升个股的信号。在实盘操作中，如果个股的前期累计涨幅较小，则我们此时应及时地进行短线追涨买股操作。

# 第六章  卖在高点，短线看跌形态

卖得好，可以使我们最大限度地获取短线利润。看跌形态，是我们进行短线卖股操作时的重要依据，它们可以帮助我们有效地把握住短线逃顶的时机。本节中，我们将介绍股市中一些较为经典的短线看跌形态。

## 第一节  长上影线

长上影线形态是上影线很长而实体则相对短小的一种单根 K 线形态。当这种形态出现在短期一波上涨之后的高点，将具有明显的实战意义。此时的长上影线可以看做是市场抛压开始大量涌出的信号，是个股一波下跌回调走势即将出现的信号。此时，我们应及时地卖股离场。

图 6-1 为昆明机床（600806）2010 年 9 月 20 日至 12 月 29 日期间走势图，此股在经短期上涨后，于阶段性的高点出现了一个上影线极长、实体较短的长上影线形态，此时，我们应及时地进行短线卖股操作。

图 6-2 为石油济柴（000617）2010 年 8 月 2 日至 11 月 17 日期间走势图，此股在持续上涨后的高点，出现了一个形态鲜明的长上影线形态，这是空方开始发起攻击的信号，也是市场获利抛压明显增强的标志，此时，我们可以进行适当的短线抛售，以规避短线的深幅回调风险。

小提示

在利用长下影线形态进行短线卖股操作时，我们同样要结合价格的阶段性走势情况来操作。这种方法也同样适用于其他的局部看跌 K 线组合形态，一般来说, 当典型的看跌形态出现在阶段性的高点时, 才是更为可靠的看跌信号, 此时卖股, 也才能更为准确。

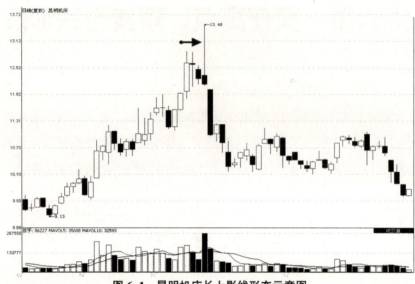

**图 6-1　昆明机床长上影线形态示意图**

**图 6-2　石油济柴长上影线形态示意图**

## 第二节 断头铡刀

断头铡刀，是一种将单根 K 线形态与移动平均线相结合的产物，它是指一根大阴线向下穿越 MA5、MA10、MA20 三根均线的形态。

这种形态既可以出现在高位区的盘整走势中，也可以出现在一波快速上涨之后，当它出现在盘整走势中的箱体下沿位置处时，往往预示着个股破位下行的概率较大；而当它出现在一波上涨走势之后，预示着一波深幅调整走势的出现。

图 6-3 为海螺型材（000619）2010 年 8 月 10 日至 2011 年 1 月 21 日期间走势图，走势图中的三根均线分别为 5 日均线 MA5、10 日均线 MA10、20 日均线 MA20。如图中箭头标注所示，此股在相对高位区的盘整震荡走势中出现了一根向下穿越这三根均线的大阴线，这就是断头铡刀形态，它预示着个股有破位下行的可能，是我们应短线卖股离场的信号。

**图 6-3 海螺型材断头铡刀形态示意图**

图 6-4 为吉林敖东（600623）2010 年 8 月 24 日至 11 月 23 日期间走势图，如图中箭头标注所示，此股在一波快速上涨后的高点位出现了个断头铡刀形态，这是多方力量短期内无力推升个股上涨、空方抛压快速增强的信号，此时，我们应及时卖股，以规避空方打压所造成的个股短期快速下跌风险。

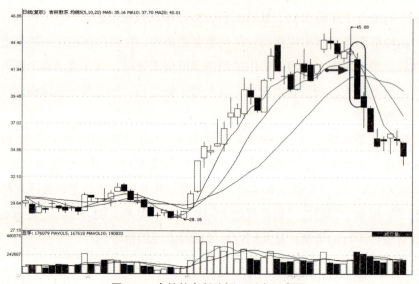

图 6-4 吉林敖东断头铡刀形态示意图

小提示

由于断头铡刀形态将均线与 K 线进行了有机结合，它就同时具有了均线的优点与 K 线的优点，因此利用其进行短线卖股时准确率是很高的。

## 第三节 螺旋桨

螺旋桨是一种宽幅震荡的单根 K 线形态，其上下影线较长而实体则相对较短。这种形态一般更常见于一波上涨走势后的阶段性高点，是短期内市场分歧明显加剧的信号，一般来说，这经常预示着个股短期内难以再度强势上涨，取而代之的将是一波下跌回调走势。

　　图6-5为东源电器（002074）2010年9月27日至11月24日期间走势图，如图标注所示，此股在一波快速上涨后的高点，出现了上下影线均较长而实体相对较短的螺旋桨形态，这是短期内市场分歧加剧的体现，也预示着随后的下跌回调走势将会出现。在实盘操作中，此时我们应进行短线卖股离场的操作。

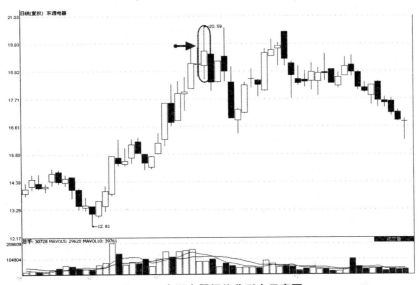

图6-5　东源电器螺旋桨形态示意图

**小提示**

　　螺旋桨形态中的上下影线越长，表明短期内的市场分歧越大，如果此时的个股还正处于一波快速上涨中的高点，则它所预示的个股短期回调幅度也往往是较大的。在实盘操作中，我们应结合螺旋桨的上下影线长度及阶段性的上涨幅度进行操作。

# 第四节　看跌抱线

　　看跌抱线是一种第一根短K线为阳线、第二根长K线为阴线的抱线形态，其中的后面一根长 K 线完全"盖"住前面一根短 K 线。

看跌抱线多出现在一波上涨走势后的高点，第一根短阳线是个股惯性上涨的表现，第二根高开低走的大阴线则是空方抛压突然大幅增强的信号，也是多空力量快速转变的标志，预示着随后将有快速的下跌走势出现，是我们应及时卖股离场的信号。

图 6-6 为东南网架（002135）2010 年 10 月 27 日至 2011 年 1 月 18 日期间走势图，如图中箭头标注所示，此股在一波快速上涨之后，于阶段性的高点出现了一个形态鲜明的看跌抱线形态，这是空方力量突然大幅度增强的信号，也预示着个股短期上升走势的结束，此时即是我们短线卖股离场的时机。

图 6-6　东南网架看跌抱线形态示意图

图 6-7 为中福实业（000592）2010 年 8 月 19 日至 12 月 28 日期间走势图，此股在持续大涨后的高位区出现了震荡滞涨的走势，且在震荡滞涨过程中出现了一个看跌抱线形态，这是空方力量明显占据上风的信号，此时，我们应卖股离场，以规避个股随后破位下行的风险。

图 6-7 中福实业看跌抱线形态示意图

小提示

看跌抱线是一种空方力量快速转强的看跌形态，如果在看跌组合形态出现之前，个股的阶段性上涨幅度较大，则其所预示的随后下跌回调幅度也往往是极大的。

# 第五节 阴孕线

阴孕线是一种前长后短、前阳后阴的双根 K 线组合形态，且后面一根短 K 线完全"孕"于前面一根长 K 线之中（即后面一根短 K 线的最低价高于前面一根长 K 线的最低价，而后面一根短 K 线的最高价则低于前面一根长 K 线的最高价）。

阴孕线多出现在一波上涨后的低点，第一根长阳线说明多方力量仍旧占据主导地位且正推升价格上涨，但随后次日低开并小幅低走的阴线则说明多方力量已处于强弩之末而空方抛压则有增强的势头。这也预示了一波下跌走势随后极有可能在获利盘的打压下出现。

图 6-8 为江特电机（002176）2010 年 8 月 23 日至 12 月 6 日期间走势图，如图中箭头标注所示，此股在经短期内一波快速上涨之后，于阶段性的高点出现了一个前长后短、前阳后阴的阴孕线形态，这是个股短期升势受阻的标志，也预示着随后将有下跌回调走势出现。此时，我们可以进行短线卖股操作。

**图6-8　江特电机阴孕线形态示意图**

图 6-9 为成飞集成（002190）2010 年 7 月 22 日至 12 月 3 日期间走势图，此股短期大幅度飙升之后，于高点出现了一个形态鲜明的阴孕线组合形态，由于此股的前期累计涨幅较大、阶段性上涨幅度也极大，因此这一形态鲜明的阴孕线不仅是个股阶段性见顶的信号，也同样是个股中期顶部出现的信号。

**小提示**

阴孕线是一种相对缓和的看跌组合形态。虽然在阴孕线形态出现之后，个股也许并没有马上转入阶段性的快速下跌走势中，但我们却不能疏忽大意，误以为个股仍旧强势。

图 6-9　成飞集成阴孕线形态示意图

## 第六节　空方炮

　　空方炮是一种三根 K 线的组合形态，它的组合顺序是：阴线、阳线、阴线，且两根阴线的实体相对较长、而中间阳线的实体则相对短小。这种形态可以看做是空方发动攻势的一种形态，它常常出现在一波下跌走势的初期或是盘整后的向下破位位置处，在实盘中，出现在这两个位置区的空方炮形态是我们短线卖股的明确信号。

　　图 6-10 为中化国际（600500）2010 年 2 月 26 日至 7 月 2 日期间走势图，此股在高位区出现了较长时间的盘整震荡走势，随后，在盘整区的箱体下沿位置处出现了一个两阴夹一阳的空方炮形态，这是空方开始发起大力攻势的信号，预示着个股有破位下行的倾向。在实盘操作中，我们应及时地卖股离场以规避风险。

　　图 6-11 为龙溪股份（600592）2009 年 3 月 13 日至 8 月 20 日期间走势图，此股在经短期大幅上涨之后，于阶段性的高点出现了一个空方炮形态，由于此股的前期累计涨幅较大、阶段性上涨幅度也极大，而且，空方炮组合

形态中的两根大阴线也彰显了空方抛压的大幅增强，因此这一空方炮形态不仅是个股短期上涨走势见顶的信号，也同样是个股中期顶部出现的标志。

图 6-10　中化国际空方炮形态示意图

图 6-11　龙溪股份空方炮形态示意图

小提示

　　如果说多方炮形态是多方展开攻击的信号，那么，空方炮形态则是空方开始大力打压的信号。在实盘操作中，当个股在高位震荡区的箱体下沿处或是大幅上涨后的高点出现了空方炮形态时，我们切不可恋战。

## 第七节　双针探顶

　　双针探顶形态是指：个股在一波上涨后的高点，连续出现了两个上影线较长、实体较短且两日的最高价相差无几的 K 线。

　　这种形态是多方连续两日上攻未果的表现，也说明获利盘逢高出售的意愿较强，并往往预示着一波下跌回调走势即将出现。

　　图 6-12 为亚盛集团（600108）2010 年 11 月 16 日至 2011 年 1 月 20 日期间走势图，此股在短期一波上涨走势后，于阶段性的高点出现了一个双针探顶的形态，此时，我们可以进行短线卖股操作。

图 6-12　亚盛集团双针探顶形态示意图

图 6-13 为绵世股份（000609）2010 年 9 月 28 日至 12 月 29 日期间走势图，此股在震荡上扬的走势中，于阶段性的高点出现了连续两根上影线较长的双根 K 线组合形态，虽然第一根 K 线的实体较长，但它的上影线同样也很长，因此它同样是多方攻势受阻的标志，并与第二根 K 线构成了一个双针探顶形态。

图 6-13 绵世股份双针探顶形态示意图

小提示

双针探顶可以看做是单针探顶的一种变形，但由于这种形态又多了一次探顶，因此其所预示的短期顶部也更为可靠。在个股的走势中，单针探顶也常出现在一波上涨走势的行进途中，此时，我们需结合个股阶段性涨幅才能利用此形态更好地进行短线卖股操作；而双针探顶则很少出现在上涨途中，它只要出现，一般来说就预示着一波深幅调整走势即将出现。

## 第八节  乌云盖顶

乌云盖顶由两根 K 线组合而成，前面一根 K 线为实体较大的阳线，后

面一根 K 线则是高开低走的阴线，且当日阴线的收盘价深深地嵌入到前一根
阳线的实体内部之中。这种形态多出现在一波快速上涨走势之后，第一根大
阳线是多方仍在进攻的标志，而第二根高开低走的阴线则是空方力量于当日
盘中突然转强的信号，由于此时的价格正处于阶段性的高点，因此这个高开
低走的阴线可以说是短期内空方力量快速转强的信号，预示着短期上涨走势
的结束及随后回调走势即将展开。此时，我们应进行短线卖股操作。

图 6-14 为中国船舶（600150）2010 年 8 月 20 日至 12 月 9 日期间走势
图，此股在一波快速上涨之后，于阶段性的高点出现了一个先是大阳线，随
后紧跟一个高开低走大阴线的乌云盖顶组合形态。这一形态说明短期内的空
方力量已经快速转强，此时，我们应及时地进行短线卖股操作。

图 6-14 中国船舶乌云盖顶形态示意图

图 6-15 为高新发展（000628）2009 年 10 月 26 日至 2010 年 5 月 12 日
期间走势图，此股在高位区出现了震荡走势，如图中箭头标注所示，在震荡
区的箱体上沿位置处出现了一个形态鲜明的乌云盖顶形态。此时，我们宜进
行短线卖股操作。

图 6-15　高新发展乌云盖顶形态示意图

小提示

与乌云盖顶较为相似的一种组合形态是乌云飘来，在这一形态中，第一根 K 线同样为实体较长的阳线，第二根 K 线同样是高开低走的阴线，不同的是，第二根 K 线的收盘价并没有嵌入到第一根阳线的实体内部。但这一组合形态出现在一波上涨走势后的高点时，其所蕴涵的市场含义与乌云盖顶是一致的，都是空方抛压突然转强的信号。

## 第九节　低开下跳线

低开下跳线也可以称为低开穿越线，多出现在一波急速上涨途中，它是价格短期内的急速反转形态。这种形态是由前面一根阳线、后面一根大阴线组合而成。后面一根大阴线是一个低开低走的走势，其开盘价明显低于上一交易日收盘价，并且也往往低于上一交易日的最低价，这使得后一根大阴线相对于前一根阳线来说形成了向下穿越。

出现低开下跳线形态的个股往往是主力打压出货所致，由于主力在当日盘中的大力度打压，使得个股低开后于盘中大幅下跌，如果此时的个股正处于阶段性的高点，则短期内的快速下跌往往在所难免，此时，我们应及时卖股离场。

图 6-16 为宗申动力（001696）2010 年 8 月 27 日至 12 月 26 日期间走势图，此股在经过短期内的一波反弹上涨走势达到阶段性的高点后，出现了一个第一日阳线、第二日低开并且大幅低走的组合形态，这就是我们所介绍的低开下跳线。它是个股短期反弹走势结束的信号，此时，我们应及时卖股离场。

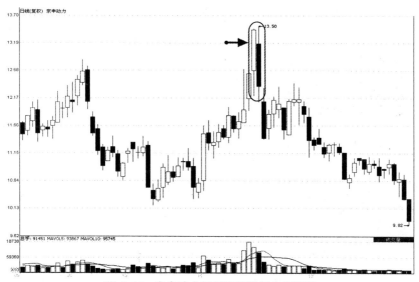

**图 6-16　宗申动力低开下跳线形态示意图**

图 6-17 为青岛双星（000599）2010 年 8 月 20 日至 12 月 28 日期间走势图，此股在震荡上扬的过程中，于阶段性的高点出现了一个低开下跳线，虽然此股的短期涨势并不凌厉，但低开下跳线却说明主力有着较强的快速出货意愿，预示着个股短期内有急跌走势出现。

**小提示**

低开下跳线往往是有主力的参与才形成的，而且，它多反映了主力短期内的快速打压出货的意愿，因此相对于其他的短线看跌形态来说，此种形态所预示的短线风险更大，在进行短线卖股时，我们不可犹豫不决。

图 6-17 青岛双星低开下跳线形态示意图

# 第十节 跌停破位线

跌停板，是个股走势极端的表现，如果说涨停板是主力将有所行动的信号，那么，跌停板则是市场抛压极为沉重的客观写照。跌停板的出现往往与主力资金的快速出逃、投资者的普遍看空做空相关，如果此时的个股正处于高位区，则这一跌停板就是个股将破位下行的预警性信号。

图 6-18 为 ST 中源（600645）2010 年 4 月 29 日分时图，图中左侧为此股在 2010 年 4 月 29 日前后的日 K 线走势图，如图所示，此股在持续上涨后的高点突然出现了一个跌停板走势，于长于短，此股的涨幅都很大，因此这一跌停板可以看做是升势中短期内结束、深幅下跌走势将展开的信号。

图 6-19 为劲嘉股份（002191）2010 年 1 月 8 日至 7 月 6 日期间走势图，此股在高位区经过了长时间的震荡之后，于 2010 年 5 月 10 日出现了一个向下跌破盘整区的跌停板形态，这是个股即将破位下行的标志，在实盘操作中，我们应及时卖股离场，以免被套牢在高位区。

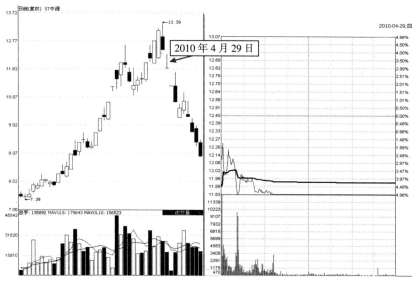

图 6-18 ST 中源跌停破位线形态示意图

图 6-19 劲嘉股份跌停破位线形态示意图

图 6-20 为保定天鹅（000687）2010 年 11 月 17 日分时图，当日此股出现了一个跌停板走势。而在此之前此股则是处于一波持续性较强、持续时间较长的稳健的反弹走势中，当日的这一跌停板形态使得个股的反弹走势形态被彻底破坏，个股也呈现出转势破位下行的突然转变，如果我们参与了反弹

行情，则此时就应及时地卖股离场。图 6-21 标示了此股在 2010 年 11 月 17 日前后的走势情况。

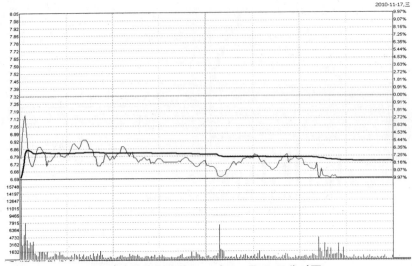

**图 6-20　保定天鹅 2010 年 11 月 17 日分时图**

**图 6-21　保定天鹅 2010 年 11 月 17 日前后走势图**

小提示

相对低位区的涨停板也许并非是个股将突破上行的信号，但高位区的跌停板则几乎无一例外地预示了价格走势的破位下行。因此，跌停板所传达的风险信号更为准确，在实盘操作中，我们切不可因为个股当日跌了5%或10%而认为它的短线风险已得到了较为充分的释放，殊不知，当日的低点在日后看来极有可能是高高在上的高点。

## 第十一节　黑三鸦

黑三鸦是一种常见的看跌组合形态，它由三根中小阴线组合而成。由于这种组合形态的出现太过频繁，因此在实盘操作中，要想成功利用黑三鸦形态进行买股操作，我们还需注意两点：一是关注黑三鸦形态出现的位置，只有当这一形态出现在一波快速上涨走势后的高点或是高位盘整区的向下破位位置处时，它才是较为可靠的短线看跌信号；二是关注黑三鸦出现的三日是否有量能的单日放大或平均放大，黑三鸦形态中的放量是市场抛盘较多、抛压较重的体现，也是预示着个股短期内深幅调整概率更大的标志。

图6-22为首钢股份（000959）2010年1月27日至5月18日期间走势图，如图标注所示，此股在下跌途中的盘整破位处，出现了连续三日中小阴线且量能相对放大的组合形态，这就是黑三鸦形态。它出现在盘整后的破位处，是市场抛盘又开始大量涌出的标志，也是个股将出现再度破位下行的信号，此时，我们不可恋战，及时卖股离场方为上策。

图6-23为北化股份（002246）2010年1月14日至5月18日期间走势图，此股在震荡下跌走势中出现了一波持续时间很长的反弹行情，随后，连续三日的中小阴线使得前期的反弹成果消耗一半，而且这三日的量能也相对放大，这正是我们此处所讲解的黑三鸦形态。从此股随后的走势可以看出，这一黑三鸦形态准确地预示了个股随之而来的破位下行走势。

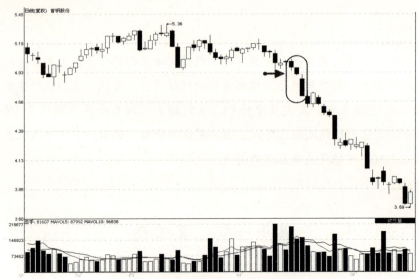

**图 6-22　首钢股份黑三鸦形态示意图**

**图 6-23　北化股份黑三鸦形态示意图**

小提示

　　黑三鸦是一种连续三日中小阴线的形态。如果一只个股出现了连续四日、五日甚至更多日的中小阴线形态，则我们同样可以将其看做是黑三鸦形态。

## 第十二节　破位缺口

破位缺口，也可以称之为震荡走势后的向下破位缺口，它往往出现在顶部区的盘整之后或是下跌途中的整理走势之后，是个股以一个跳空向下的运行方式向下跌破盘整区的形态，预示着个股一波破位下跌行情的展开。

图 6-24 为中弘地产（000979）2010 年 1 月 11 日至 5 月 21 日期间走势图，此股在高位区经长时间的横盘震荡之后，出现了一个向下跳空的破位缺口，这是空方开始进行大力度抛售、个股将破位下行的标志。

图 6-24　中弘地产向下破位缺口形态示意图

图 6-25 为西水股份（600291）2010 年 1 月 22 日至 7 月 1 日期间走势图，此股在高位区同样经历了长时间的盘整震荡走势，随后，一个向下破位的缺口突然出现，这是个股结束高位盘整走势，转而开始步入跌势的信号。

图 6-25　西水股份向下破位缺口形态示意图

**小提示**

　　破位缺口与前面讲到过的跌停破位线往往会同时出现，这时的形态可以称之为跌停破位缺口，一般来说，这是主力开始打压出逃的标志，预示着个股短期内将步入深幅且快速的下跌行情之中。

# 第七章 逃顶抄底，把握市场转向

在一轮趋势的整个运行过程中，顶部与底部无疑是最为重要的两个位置区。底部，是我们中长线买股布局的位置，是预示着机会出现的区域；顶部，是我们中长线卖股出局的位置，是预示着风险的区域。如果不能及时地把握住底部与顶部，我们就难以实现顺势而为的操作之道。在第二章中，我们已经结合趋势线、移动平均线等内容讲解了识别底部与顶部的方法，本章中，我们将再结合经典的反转形态来看看顶部区与底部区。

## 第一节 双重顶

双重顶也称为 M 顶，它是价格走势二次探顶的形态，图 7-1 为标准的双重顶形态，可以看到，这一形态如同大写的英文字母"M"，它有两个重要的位置，一个是颈线位置，一个是阻力位置。当指数或个股经历了这种二次探顶而无力突破上行之后，往往就会在空方的再度打压下向下跌破颈线，从而使得双重顶形态完全形成，趋势的反转下行也正式展开。

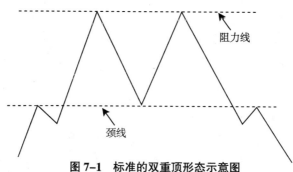

图 7-1 标准的双重顶形态示意图

　　对于双重顶形态来说，有两个较好的卖点，一个卖点出现在价格走势二度探顶之时，这时，我们可以凭借着前期的累计涨幅、高位区的大幅震荡等形态预测顶部的出现；另一个卖点出现在价格走势向下跌破颈线之时，此时，双重顶形态完全形成，一轮跌势也呼之欲出。

　　图 7-2 为中国船舶（600150）2006 年 11 月至 2008 年 6 月期间走势图，此股在大幅上涨后的高位区出现了双重顶形态，可以看到，双重顶的震荡幅度非常大，远远大于上升途中的回调幅度，这也正是多方不再占据明显主导地位、空方抛压大幅增强的信号，这也是升势结束、顶部正在构筑之中的信号。

**图 7-2　中国船舶双重顶形态示意图**

（小提示）

　　与双重顶较为相似的一种顶部形态是三重顶，三重顶是一种价格走势三次探顶的形态，它相对于双重顶来说多了一次探顶过程，在进行中长线操作时，三重顶形态中的第三次探顶之时也是一个极佳的中长线卖点。

## 第二节　双重底

双重底也称为 W 底，它是价格走势二次探底的形态，如图 7-3 为标准的双重底形态，可以看到，这一形态如同大写的英文字母"W"，它有两个重要的位置，一个是颈线位置，一个是支撑位置。当指数或个股经历了这种二次探底而无力再度破位下行时，往往就会在多方的不断推升下向上突破颈线，从而使得双重底形态完全形成，趋势的反转上行也正式展开。

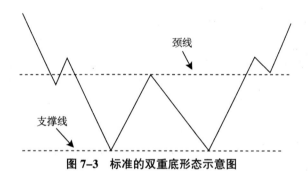

**图 7-3　标准的双重底形态示意图**

对于双重底形态来说，有两个较好的买点，一个买点出现在价格走势二度探底之时，这时，我们可以凭借着前期的累计跌幅以及低位区长时间的止跌企稳走势来预判出跌势的结束；另一个买点出现在价格走势向上突破颈线之时，此时，双重底形态完全形成，预示着一轮升势即将展开。

图 7-4 为金发科技（600143）2008 年 6 月 23 日至 12 月 23 日期间走势图，此股在大幅下跌后的低位区出现了二次探底的双重底形态，这种形态打破了个股前期的下跌状态，是个股于低位区出现企稳走势的标志。而且，在双重底的构筑过程中，我们可以看到成交量的温和放大，这是买盘资金开始加速入场的表现，此时，我们可以判断出底部的出现，从而及时买股布局。

图 7-4　金发科技双重底形态示意图

小提示

　　与双重底较为相似的一种底部形态是三重底，三重底是一种价格走势三次探底的形态，它相对于双重底来说多了一次探底过程，在进行中长线操作时，三重底形态中的第三次探底之时也是一个极佳的中长线买点。

## 第三节　圆弧顶

　　圆弧顶，也称为弧线顶，其形态犹如一个弧面向上的圆弧，它出现在大幅上涨后的高位区，体现了多空力量循序渐进的转变过程。

　　圆弧顶形态是一种高位区的明显滞涨形态，首先是价格走势由快速上涨转而变为缓慢上涨并呈现出滞涨走势，随后，空方抛压的进一步增强但增强速度相对缓慢，这使得个股的上涨势头结束并出现了股价重心缓缓下移的走势，由此形成了一个圆弧形。随后，在空方力量的再度打压下，个股开始向下破位运行，至此，整个圆弧顶形态构筑完毕。

　　图 7-5 为海翔药业（002099）2009 年 12 月至 2011 年 1 月期间走势图，

此股在大幅上涨后的高位区出现了一个形态宽阔的圆弧顶形态，这种圆弧顶形态既是个股上涨乏力的表现，也是空方开始逐步占据市场主导地位的体现。由于此股的前期累计涨幅巨大，因此这种圆弧顶形态可以看做是个股升势见顶的信号。在实盘操作中，当识别出这一顶部形态后，我们就应做好及时卖股离场的准备。

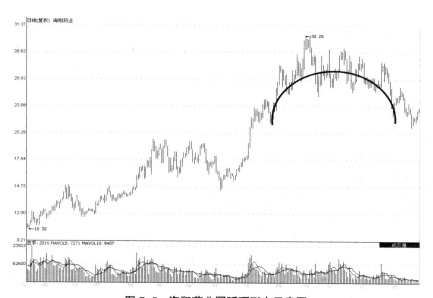

图7-5　海翔药业圆弧顶形态示意图

小提示

　　一般来说，圆弧顶形态越开阔，个股的前期累计涨幅越大，则它所预示的趋势反转的概率也越大。

# 第四节　圆弧底

　　圆弧底，也称为弧线底，其形态犹如一个弧面向下的圆弧，它出现在大幅下跌后的低位区，体现了多空力量循序渐进的转变过程。
　　圆弧底形态是一种低位区的明显止跌形态，首先是价格走势由快速下跌转而变为缓慢下跌并呈现出止跌走势，随后，多方承接力量的进一步增强，但增强速度相对缓慢，这使得个股的下跌势头结束并出现了股价重心缓缓上移的走势，由此形成了一个圆弧形。随后，在买盘资金的再度推动下，个股开始向上突破，至此，整个圆弧底形态构筑完毕。

图7-6为智光电气（002169）2008年6月13日至12月16日期间走势图，此股在大幅下跌后的低位区出现了一个形态标准的圆弧底形态，这种圆弧底形态既是个股止跌企稳的表现，也是多方开始逐步占据市场主导地位的体现。由于此股的前期累计跌幅巨大，因此这种圆弧底形态可以看做是个股跌势见底的信号。在实盘操作中，当识别出这一顶部形态后，我们就应该做好买股布局的准备。

**图7-6　智光电气圆弧底形态示意图**

图7-7为中路股份（600818）2008年9月8日至12月8日期间走势图，此股在持续下跌后的低位区出现了一个形态标准的圆弧底形态，而且，此股还与当时的市场热点迪斯尼题材相符，从图中走势可以看到，在这一圆弧底形态之后，此股出现了急速飙升的走势。通过这一实例可以看出，圆弧底形态的出现，往往还与主力的积极参与有关，因此圆弧底还是我们捕捉翻倍黑马的重要形态之一。

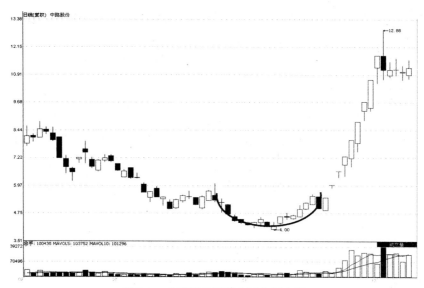

图 7-7  中路股份圆弧底形态示意图

💭 **小提示**

一般来说，圆弧底形态的出现往往与主力积极的参与有关，在实盘操作中，如果我们在低位区发现个股出现了圆弧底形态，而此股又与热点题材相符，则此股后期的潜力就会更大，带给我们的预期收益也将更多。

# 第五节  头肩顶

头肩顶形态是一种最为常见的顶部形态，它的出现频率最高，对顶部区的预示也最为准确，是我们在把握趋势反转下行时候应重点关注的对象。

如图 7-8 所示是一个标准的头肩顶形态，它由左肩、头、右肩三个部分组合而成。一般来说，在构筑左肩的一波上涨走势中，由于买盘动力的不足，我们往往会看到诸如"量价背离"等预示着买盘枯竭的形态，而在构筑头部的一波拔高走势中，这种"量价背离"形态往往会愈发明显。

对于头肩顶形态来说，有两个较好的卖点，一个卖点出现在右肩处，此时，依据个股前期累计涨幅及头部区的宽幅震荡滞涨走势，我们可以预示到顶部的出现，从而选择在此处的反弹小高点逢高卖股；另一个卖点出现在个股向下跌破颈线时，此时，头肩顶形态完全形成，趋势反转下行也即将展开。

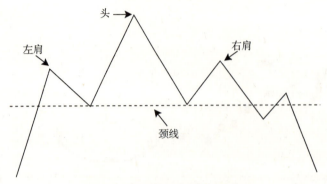

图 7-8　标准的头肩顶形态示意图

图 7-9 为中信证券（600030）2007 年 4 月至 2008 年 3 月期间走势图，此股在持续上涨后的高位区出现了一个形态宽阔的头肩顶形态，这种形态既是个股无力再度步入升势的滞涨表现，也是空方力量开始逐步会聚的表现，在实盘操作中，我们应逢高卖股，以规避高位风险。

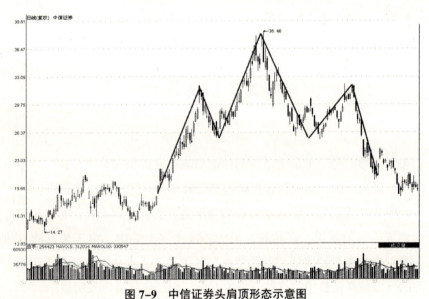

图 7-9　中信证券头肩顶形态示意图

小提示

相对于其他的顶部形态来说，头肩顶的出现频率更高、其准确度也更高，在实盘操作中，这是应引起我们重点关注的形态。

## 第六节 头肩底

如图 7-10 所示是一个标准头肩底形态，它由左肩、头、右肩三个部分组合而成。一般来说，在构筑头部及右肩的两波上涨走势中，由于买盘资金的持续加速涌入，我们往往会看到明显的放量上涨形态。而且，从右肩处向上突破颈线时，其量能的放大效果往往更为明显，这说明多方力量充足有力，是趋势反转上行的标志。

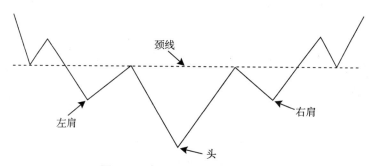

图 7-10 标准的头肩底形态示意图

对于头肩底形态来说，有两个较好的买点，一个买点出现在右肩处，此时，依据个股前期累计跌幅及头部区的宽幅震荡的企稳走势，我们可以预示到底部的出现，从而选择在此处回调时的相对低点买股布局；另一个买点出现在个股向上突破颈线时，此时，头肩底形态完全形成，趋势反转上行也即将展开。

图 7-11 为宝新能源（000690）2008 年 7 月 9 日至 2009 年 2 月 13 日期间走势图，此股在持续下跌后的低位区出现了一个形态宽阔的头肩底形态，在头肩底形态中的右肩及突破颈线的两波上涨走势中，我们可以看到明显的

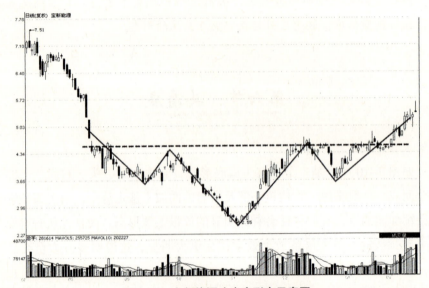

放量，这是买盘资金持续加速入场的表现，也是预示着个股趋势反转上行的信号。

图 7-11　宝新能源头肩底形态示意图

**小提示**

结合成交量的变化来分析头肩底形态，我们就可以更为准确地把握住这种经典的底部反转形态，从而及时买股布局。

# 第七节　尖顶

尖顶，也称为 V 形顶，它是一种急速的顶部反转形态，其最高点只出现一次，在实盘操作中，相对于其他顶部形态来说，其卖点较难把握。

一般来说，如果个股前期出现了大幅度的上涨，而随后在高位区又出现了一波急速的拔高上涨走势，则这一波的拔高上涨走势就极有可能引发出抛盘的快速涌出，从而致使价格走势出现急速的 V 形反转。

图 7-12 为漳州发展（000753）2008 年 11 月至 2010 年 5 月期间走势图，

此股在大幅上涨后的高位区，再度出现了一波急速上涨，但由于上涨后的买盘承接力度不够，因此在快速涌出的抛盘打压下，个股也出现了短线急跌的走势，由此形成了一个尖顶形态。

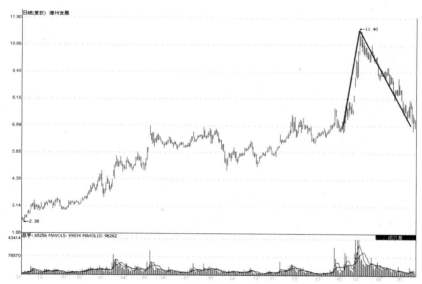

图7-12 漳州发展尖顶形态示意图

小提示

如果个股出现了尖顶反转形态，而我们又没有及时卖股离场的话，则将会面临着利润短期快速缩水的不利局面，在实盘操作中，为了更好地规避这种反转形态，我们不应过于贪婪。如果个股前期累计涨幅较大，又在高位区出现了一波角度陡峭的上涨走势，则此时就应不断地减仓甚至是清仓出局，以保住到手的利润。

# 第八节　V形底

V形底是一种急速的底部反转形态，多出现于低位区的一波快速下探走势中，由于此时的股价已明显偏低，因此这一波的快速下跌走势可以看做是少量非理性的恐慌性抛盘所致。但这一波的恐慌性抛售也引发了市场的抢筹，这种抢筹行为往往源于个股符合热点题材、主力资金采取拔高式建仓所致。

我们除了可以结合个股的前期累计跌幅及当前的走势来识别这种反转形态外，还可以从量能的放大程度着手。一般来说，如果个股在出现 V 形走势时，其量能大幅度放出且连续性较强，则它就是更为可靠的、预示着趋势反转上行的 V 形底形态。

图 7-13 为厦工股份（600815）2008 年 5 月 27 日至 12 月 24 日期间走势图，此股在大幅下跌后的低位区，出现了快速反转上行的 V 形底形态，并且，在 V 形反转上行时，我们可以看到成交量的大幅度放出，这是主力资金对此股实施短期内的拔高式建仓所致，也是预示着个股趋势反转上行的可靠标志。

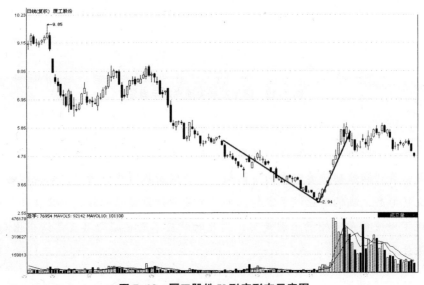

**图 7-13　厦工股份 V 形底形态示意图**

小提示

V 形底的短期上涨速度较快，在实盘操作中，我们往往难以在第一时间内追涨买入。一般来说，在 V 形底形成之后，个股往往还会出现一波幅度较大的回调走势，虽然从短线角度来看，个股并非处于最低点，但趋势反转已然发生。从中长线的角度来看，个股后期仍有较大的上涨空间，因此此时逢回调后的低点买股布局也不失为一种好的策略。

# 第八章 量在价先，走在市场的前面

成交量蕴涵了丰富的市场信息，不同的量能形态既是市场多空双方交锋力度的体现，也是主力资金市场行为的直接体现。在价格走势风平浪静的时候，透过量能形态的异动，我们往往可以及时发现主力的异动行为，从而提前判断出个股的后期走势。本章中，我们将在结合价格走势的基础上，看看如何利用各种不同的量能形态展开实盘操作。

## 第一节 多角度审视成交量

### ● 本节要点
1. 成交量是上涨的动力
2. 成交量体现了多空交锋力度
3. 成交量体现了主力行为

### ● 节前概述
成交量，绝不仅仅是简单的交易数量。它蕴涵了丰富的市场信息，只要我们换个角度，就会对成交量有一个全新的认识。一般来说，除了反映成交数量这一信息外，成交量还是价格上涨的动力、市场多空双方交锋的力度、主力市场行为的反映。本节中，我们就从这些角度来看看成交量所蕴涵的丰富市场信息。

## 一、成交量是上涨的动力

量价分析，其实质是就动力与方向分析；价格走势是方向，而成交量则是动力。之所以说成交量是动力，是因为在价格上涨时，透过成交量的大小，我们可以更好地了解到买盘的力量大小。例如：价格持续上涨，成交量也不断放大，这是"众人拾柴火焰高"的表现，是买盘充足且源源不断入场的标志，预示着上涨势头仍将延续；如价格在上升，而成交量却开始缩小，这意味着升势已到了"曲高和寡"地步，是价格上涨动力不足的表现，预示着反转下行的走势随时有可能一触即发。

图 8-1 为上证指数 2006 年 10 月至 2007 年 5 月期间走势图，股市在此期间持续上涨，伴随指数的节节上涨，我们可以看到期间的成交量也是节节攀升，这种随着价格创出新高、同期的量能也不断创出新高的形态可以称之为"量价齐升"。它是上升趋势动力十足的体现，也是升势仍将持续下去的信号。

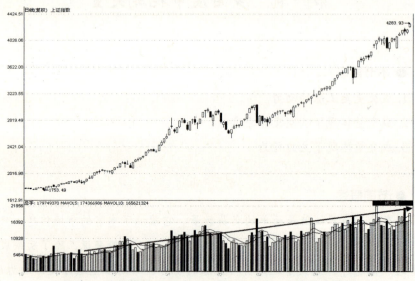

图 8-1　上证指数 2006 年 10 月至 2007 年 5 月期间走势图

## 二、成交量体现了多空交锋力度

成交量最简单、最直接地体现了多空双方的交锋力度。同样的上涨幅度或下跌幅度，如果一个是量能相对萎缩、一个是量能大幅放出，它们所蕴涵的市场含义是不同。量能相对萎缩，说明多空双方交锋力度较弱，是价格走势沿原走势继续推进的标志；而量能大幅放出则是多空双分分歧力度明显加剧的表现，如果此时的指数或个股正处于一波上涨后高点或下跌后的低点，则这种明显加剧的多空分歧就是价格走势即将反转的信号。

图 8-2 为金山开发（600679）2010 年 4 月 15 日至 10 月 15 日期间走势图，如图中标注所示，此股在一波快速反弹后的高点出现了成交量明显放出的形态，这是多空双方交锋力度加大的表现，也是市场分歧加剧的体现。由于此时的个股正处于一波涨势后的高点，因此这种明显加剧的市场分歧是一波回调下跌走势出现的信号。

图 8-2 金山开发放量形态示意图

对于本例而言，透过成交量的形态的变化，我们了解到多空双方交锋力度的变化，从而知道了市场分歧的加剧这一客观情况，此时，再结合个股的走势，我们就可以更好地预判其随后的走势了。

## 三、成交量体现了主力行为

主力对个股有着完整的控盘过程，由于每一个控盘环节的任务不同，因此其市场行为往往也是截然不同的。而主力的不同市场行为往往就会通过成交量的变化体现出来。

例如在主力建仓阶段，由于建仓时机的相对短暂、建仓筹码数量的巨大，主力若想成功建仓，势必要在相对短暂的时间内进行大力度的买股操作，这也必然会使得个股出现一定的放量。因此放量成为主力建仓时的一种典型量能形态。反之，在出货阶段，由于出货时间相对宽裕、出货数量则往往只需建仓量的几分之一即可，为了能更好地高位出货，而且不引发市场上的连锁抛压涌现，主力势必只会通过小笔抛售的方式进行，此时，缩量滞涨就成为主力出货时的典型形态。

除此之外，主在控盘过程中经常使用的一些操盘手法，如对倒、打压等，在结合价格走势的基础之上，我们也都可以从成交量的变化中觅其踪迹。

图 8-3 为京投银泰（600683）2009 年 3 月 10 日至 9 月 2 日期间走势图，如图中箭头标注所示，此股在相对高位区的震荡走势中，虽然价格走势较为平静，但是同期的量能却忽大忽小、变化幅度巨大，其实，这正是主力积极活动的信号。其中第二个箭头所指标的放量大阴线可以看做是主力资金大力出货的市场行为体现，这也预示了随后的下跌回调走势的出现。

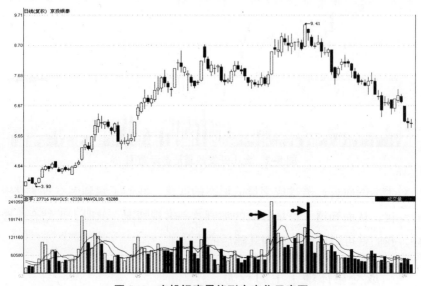

图 8-3 京投银泰量能形态变化示意图

小提示

　　由于主力的介入，大大改变了筹码的原有供求状态，这使得一些经典的量价配合关系在主力高度控盘的个股中得不到完美的体现，此时，我们就不能仅仅依据经典的量价理论来预判个股的后期走势，还应把主力控盘的因素考虑在内。例如：若是主力吸筹力度极大，达到50%以上，这时一般就不会呈现出明显的放量上涨或量价齐升形态，如果仅凭"经典量价理论"的观点来看，缩量上涨自然是不健康的，而不健康的上涨又能涨多少呢？其实主力完全可以在控盘的情况下实现缩量拉升。在本章的最后一节中，我们将会系统地介绍经典的量价配合关系有哪些。

# 第二节　温和式的放量形态

## ● 本节要点

1. 底部区的温和式放量形态

2. 上升途中的温和式放量形态

## ● 节前概述

　　温和式的放量是一种常见的量能形态，它更常见于深幅下跌后的底部区或是稳健上升的攀升走势中，一般来说，这是多方力量缓慢释放的标志。在实盘操作中，它多会成为我们短线或中长线买股布局的信号。本节中，我们就来看看如何利用温和式的放量形态把握买股的时机。

## 一、底部区的温和式放量形态

　　底部区的温和放量是指个股在深幅下跌后的低位区出现了止跌企稳的震荡走势，这期间的成交量相对于之前下跌趋势中的量能而言出现了较为温和的放大，即这一期间的均量水平要明显大于前期跌势时的量能水平，但放量效果又不是特别的突兀，而且，这种温和的放量效果往往可以长时间地保持下去。

这种底部区的温和放量多是场外买盘资金开始持续涌入的信号，当然，它也极有可能是主力对个股展开吸筹操作的信号，如果个股的前期累计跌幅较大且在这一低位区又出现了长时间的企稳且温和放量形态，则这就是个股跌势已然见底、反转上行即将上演的预示。在此温和放量的止跌企稳区，我们是可以进行中长线的买股布局操作的。

图 8-4 为金龙汽车（600686）2008 年 3 月 20 日至 2009 年 2 月 3 日期间走势图，此股在深幅下跌后的低位区出现了温和式的放量形态，并伴以价格走势的止跌企稳，这既是买盘资金开始持续入场的标志，也是跌势见底的预示。在实盘操作中，此时我们可以积极地买股布局。

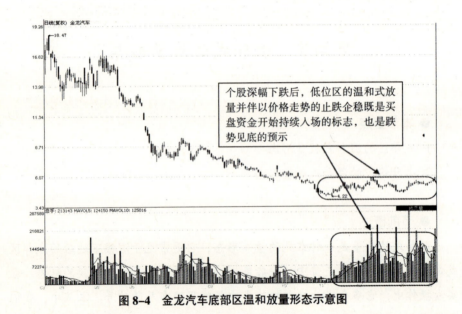

图 8-4　金龙汽车底部区温和放量形态示意图

图 8-5 为生益科技（600183）2008 年 3 月 19 日至 2009 年 1 月 22 日期间走势图，此股在深幅下跌后同样出现了温和放量并伴以价格走势止跌企稳的形态，这同样是个股跌势见底的信号，此时也是我们中长线买股布局的好时机。如图 8-6 标示了此股后期的走势情况。

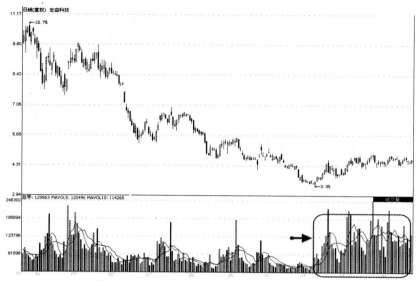

图 8-5　生益科技底部区温和放量形态示意图

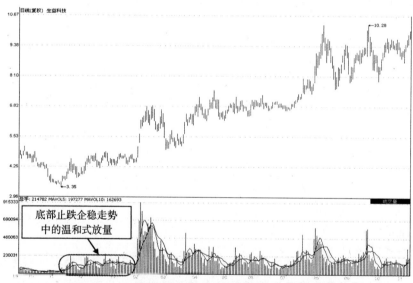

图 8-6　生益科技底部区温和放量形态出现后走势图

## 二、上升途中的温和式放量形态

上升途中的温和式放量形态是指个股在一波稳健上涨且创出近期新高的走势中，出现了成交量循序渐进的温和式放大，而且其均量效果要大于之前上涨走势时的均量。

　　这种出现在上升途中的温和式放量形态是场外买盘资金较为充足的标志，也是预示着个股上升趋势仍将延续下去的信号。

　　图8-7为格力地产（600185）2008年10月10日至2009年6月6日期间走势图，此股在震荡上扬的上升趋势中，于一波创新的走势中出现了明显的温和式放量形态，这是市场买盘极为充足的标志，预示着升势仍将持续下去，而且由于此股此时的累计涨幅不大，此时的温和放量所预示的看涨信息要更为准确，在实盘操作中，随后回调走势中的相对低点就是我们短线买股布局的好时机。

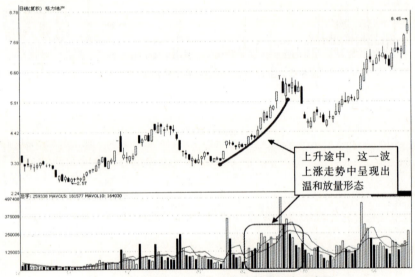

图8-7　格力地产上升途中温和式放量形态示意图

小提示

　　温和式的放量是一种看涨的量能形态，但只有在结合价格走势的基础之上，我们才可以更为准确地把握住安全的买股时机，此时，我们的首要任务就是关注趋势运行情况。在本节中，我们讲解了底部区的温和式放量买股时机与上升途中的温和式放量买股时机，这两个时机也是温和式放量形态买股的最典型时机。

# 第三节　脉冲式的放量形态

## ● 本节要点

1. 什么是脉冲式放量

2. 上升途中的脉冲式放量

3. 盘整高点处的脉冲式放量

4. 下跌途中的脉冲式放量

5. 反弹走势中的脉冲式放量

## ● 节前概述

脉冲式放量是一种单日或双日量能突然放出、随后又突然恢复如初的形态。这种量能形态如一个电脉冲式的突然跃起又突然消失，它打破了市场的连续交投状态。一般来说，这种量能形态或是由于主力异动所致，或是由于消息刺激所致，而且往往诱发价格出现短期下跌走势，在实盘操作中，这种形态对于我们预测价格走势具有重要的意义。本节中，我们就结合价格走势来看看如何利用脉冲式量能形态把握价格走势。

## 一、什么是脉冲式放量

**脉冲式放量**

脉冲式放量是指成交量在某一日或连续两日内突然的大幅度放出，其放量效果往往可以达到之前均量大小的 3 倍以上，而且在这一两日的放量之后，此股的成交量又突然性地恢复如初。

那么，脉冲式的放量是如何引发的呢？一般来说，它或是由消息面刺激或是由于主力的对倒行为所引发的，下面我们就结合这两方面来看看脉冲放量究竟蕴涵了什么样的市场含义。

### 1. 主力对倒行为导致的脉冲式放量

主力手中持有数量众多的筹码，想要制造放量的效果是轻而易举的，只需实施一个"左手倒右手"的自卖自买即可。那么，主力为何要进行对倒呢？

我们知道，主力的主要控盘阶段有四个，即建仓、拉升、洗盘、出货。建仓阶段，主力的建仓行为是连续的，因此不会出现这种偶然性的量能跃动形态；在拉升阶段，如果仅是在一两日实施对倒，是无法起到连续拉升效果的，也无法有效激发大众的追涨热情；在洗盘阶段，主力制造这种单日或双日的放量上涨形态，只会让看多的持股者增加，无法达到洗盘效果。余下的唯一一个控盘环节就是出货。

实际情况也的确如此，单日或双日的对倒更符合主力的出货行为。在出货时，个股由于震荡滞涨走势，往往会使得散户投资者的买入意愿极低，此时，通过一两日的对倒，可以制造一个鲜明的放量突破假象，从而吸引追涨盘买入，为主力出货创造条件，而主力也无须增加多少控盘成本，此外，这还有利于个股稳稳地停留在高位区。

### 2. 消息刺激导致的脉冲式放量

消息的突然出现，往往会使得投资者出现严重的分歧。利好消息会引发个股大涨，这时，手中持股者在大幅获利的情况下，就有强烈的卖股冲动，而场外观望者，也因利好有较强的买股意愿，这种市场现象最终体现为当日量能的大幅度放出。随着次日或后日的消息冷却，个股的交投情况又再度恢复如初，在成交量图上就呈现一个脉冲式的放量。

如果脉冲放量当日个股股价大涨，这种单日巨量就无疑极大地消耗了短期内的买盘资源，而个股此时往往又正处于阶段性的高估，在买盘无法有效跟进的情况下，因获利抛压而出现回调走势也自然就在情理之中了。反之，如果脉冲放量当日大跌，则说明市场抛盘压力巨大，如果此时的个股还处于高位，则这就是空方力量开始大量释放、个股走势将快速下跌的信号。

> **小提示**
>
> 脉冲式放量形态是一种极为常见的量能形态，在其出现当日，个股往往是以大幅上涨的姿态出现的，这使得很多投资者往往误认为这种鲜明的"放量上涨"形态是个股将突破上行的信号，然而，实际的情况往往正与此相

反。除此之外，另一点值得我们注意的是：主力对倒引发的脉冲式放量，其当日的价格走势一般只能是上涨，就是说，主力只会进行对倒式的诱多操作，而极少进行对倒式的打压操作。

## 二、上升途中的脉冲式放量

上升途中的脉冲式放量出现在一波上涨走势之中，既是市场抛压开始明显增强的信号，也是买盘资金当日消耗过度的表现，往往预示了一波下跌回调走势即将展开，可以作为我们在升势中进行阶段性高点抛股的信号。

图 8-8 为格力地产（600185）2008 年 10 月 10 日至 2009 年 3 月 10 日期间走势图，如图中箭头标注所示，此股在上升途中的一波快速上涨之后的阶段性高点出现了一个单日量能大幅放出的脉冲式放量上涨形态，这一量能形态可以看做是短期内多方力量过度消耗的标志，它预示着短期回调走势的展开，是指导我们在上升趋势中进行短线高抛的信号，但对于整体趋势的运行则无大碍。

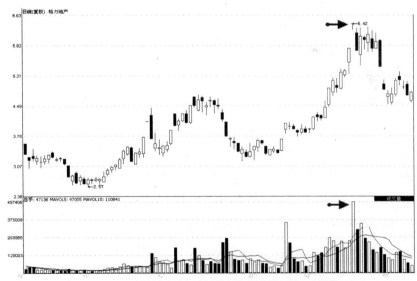

图 8-8　格力地产上升途中脉冲式放量形态示意图

图 8-9 为江泉实业（600212）2008 年 11 月 24 日至 2009 年 10 月 9 日期间走势图，此股在上升途中的一波涨势中，出现了单日巨量阴线，但在此日前后却并未出现放量的脉冲式量能形态，这是市场抛压大幅增强的信号，由

于此股前期涨幅巨大，因此这种脉冲式的放量形态不仅预示着短期高点的出现，它同样还是预示了中期高点的出现。

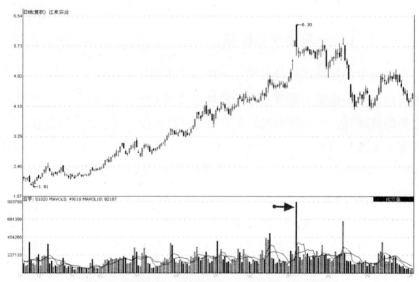

图8-9　江泉实业上升途中脉冲式放量形态示意图

## 三、盘整高点处的脉冲式放量

盘整高点处的脉冲式放量形态往往与主力的对倒诱多行为相关，这种量能形态并非是买盘资金大力推动个股上涨的表现，一般来说，当这种形态出现后，个股非但难以实现突破，反而会再度跌回盘整震荡区。

图8-10为福日电子（600203）2009年5月20日至12月23日期间走势图，此股在此期间出现了盘整震荡走势，如图中标注所示，当此股经一波反弹上涨至盘整高点位置处时，出现了脉冲式的量能放大形态，这是个股将再度跌回盘整区的标志，可以作为我们短线抛股的信号。

## 四、下跌途中的脉冲式放量

下跌途中的脉冲式放量是指在价格走势步入下跌通道后，在一波下跌走势中，出现了成交量单日大幅放出，股价当日下跌的形态，这是市场抛压极其强大的表现，预示着短期内的跌势难以止步，此时，我们不可急于抄底买股。

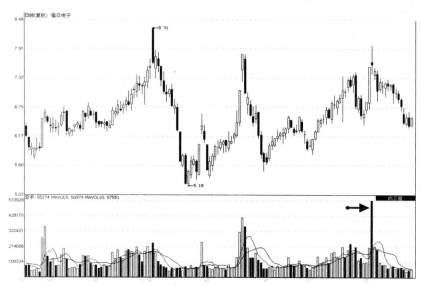

图 8-10　福日电子盘整高点处脉冲放量形态示意图

　　图 8-11 为中国建筑（601668）2009 年 7 月 31 日至 12 月 24 日期间走势图，此股在下跌途中出现了脉冲式的放量形态，而且当日股价呈下跌状态，这是市场抛压依旧十分强大的表现，此时，我们不宜进行抄底买股操作。

图 8-11　中国建筑下跌途中脉冲式放量形态示意图

## 五、反弹走势中的脉冲式放量

反弹走势中的脉冲式放量是指在个股震荡下跌途中出现了一波反弹上涨走势，在反弹上涨后的阶段性高点出现了单日量能大幅度放出的形态，而且当日的价格走势多为上涨。此时的脉冲式放量形态多与主力的对倒出货行为相关，是反弹走势结束的信号，也是个股短期内将再度步入跌势的信号。

图 8-12 为新湖中宝（600208）2010 年 1 月 7 日至 9 月 28 日期间走势图，此股在此期间处于震荡下跌途中，如图中箭头标注所示，在下跌途中的反弹上涨走势中，此股于反弹中的高点出现了一个单日量能大幅放出的脉冲式形态，这一形态也准确地预示了此股反弹走势的结束。

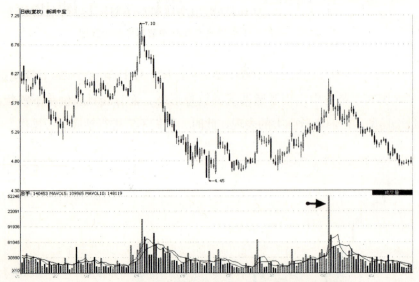

图 8-12　新湖中宝反弹走势中脉冲式放量形态示意图

小提示

通过前面几种情形的讲解，我们可以看到，脉冲式放量出现之时，往往也就是个股阶段性高点出现之日，在实盘操作中，我们应关注这种形态，积极利用这种形态展开短线卖股操作，以此来最大限度地保留短期交易中的利润。

## 第四节　连续大幅放量的堆量形态

● **本节要点**

1. 低位区的堆量反转

2. 拔高走势中的短期堆量

● **节前概述**

堆量是成交量在数个交易日甚至数十个交易日中持续大幅度放出的形态，放量时的量能大小与放量前的量能大小形成了鲜明对比。一般来说，这种量能形态往往出现在低位区及上升途中，出现在低位区的堆量往往与主力的连续拔高式建仓行为相关，出现在上升途中的堆量则往往是主力对倒拉升手法的体现。本节中，我们就结合这两种情况，看看如何利用堆量形态进行实盘操作。

### 一、低位区的堆量反转

底部区的堆量形态多与主力资金的拔高式建仓行为相关，因此这种量能形态预示着跌势的结束、升势的展开，是我们进行中长线买股布局的信号。

此外，由于主力在进行拔高式建仓操作时，个股的短期上涨走势往往较为迅速，这会加速市场上多空双方的分歧，往往会使得个股在震荡走高的过程中出现幅度较大的宽幅震荡形态，这时，利用宽幅震荡过程中的回调低点进行短线买股操作也不失为一种明智的策略。

图8-13为杭萧钢构（600477）2008年2月22日至11月3日期间走势图，此股在深幅下跌后的低点出现了成交量连续大幅放出的堆量形态，同期的价格走势也呈现出企稳上行的势头，这是主力资金开始强势入驻个股的标志，在实盘操作中，我们可以逢此期间的回调低点买股布局。

**图 8-13　杭萧钢构低位区堆量形态示意图**

图 8-14 为科力远（600478）2008 年 1 月 28 日至 12 月 15 日期间走势图，此股在深幅下跌后的低位区同样出现了堆量形态，这同样是主力资金对个股进行拔高式建仓操作的体现，是底部出现、趋势正反转上行的信号。

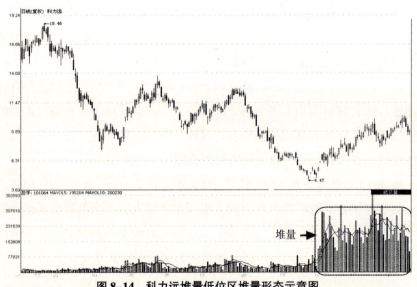

**图 8-14　科力远堆量低位区堆量形态示意图**

小提示

堆量形态是多空双方分歧明显加剧的信号，量能的大幅度放出既有可能是资金流入的体现，也可能是资金流出的体现。在实盘操作中，只有结合个股的整体趋势运行情况及堆量出现时的价格走势情况，我们才能更为准确地判断出堆量所蕴涵的市场含义。

## 二、拔高走势中的短期堆量

在上升途中，如果个股在一波上涨走势中，于连续数个交易日中出现了明显异常的成交量放大形态，这种量能形态就可以看做是堆量，此时的堆量多与主力资金的对倒式拉升行为相关。如果个股前期的累计涨幅较大，则此时的堆量往往是个股中期顶部即将出现的信号。

图 8-15 为保税科技（600794）2008 年 10 月 8 日至 2009 年 8 月 20 日期间走势图，此股在上升途中的一波上涨走势中，出现了成交量连续数十个交易日异常放大的堆量形态，这是主力对倒式拉升的体现，多预示着个股随后有进入到中期顶部的可能。在实盘操作中，这种堆量上涨后的滞涨区，就是我们短线卖股的区域。

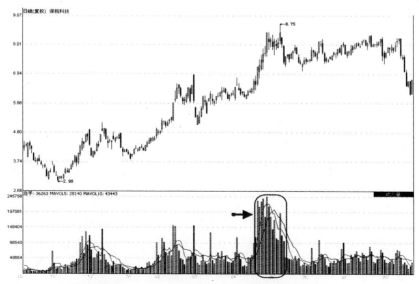

图 8-15 保税科技上升途中堆量形态示意图

**小提示**

利用上升途中的堆量形态识别中期顶部是否出现时，我们最应关注的就是个股的前期累计涨幅。如果个股前期累计涨幅较大，我们则不宜抱有侥幸心理，都应进行卖股操作；如果个股前期累计涨幅相对较小，则中长线仍可以看多做多。

## 第五节　把握放量与缩量的变化

● **本节要点**

把握放量与缩量的变化

● **节前概述**

关注量能形态的变化，我们就要从动态的角度着手，既要关注放量，也要关注缩量，更要关注放量与缩量的不同的组合方式。成交量先放大再缩小或是先缩小再放大，往往蕴涵了丰富的市场含义，从中我们可以体会主力的控盘行为，也可以感受到多空力量的转变。本节中，我们将结合实例来关注放量与缩量的变化过程，力求在阐明思路中起到抛砖引玉的作用，帮助读者真正读懂成交量、掌握成交量。

图 8-16 为深天健（000090）2008 年 6 月 26 日至 2009 年 2 月 2 日期间走势图，此股在深幅下跌后的低位区出现先放量上涨随后缩量盘整的走势，放量时的量能放大十分明显，缩量时的量能也缩小得十分明显，可以说，放量上涨与缩量横盘形成了效果鲜明的对比，这说明了什么呢？

从此股缩量横盘的区域着手，这一区域正处于阶段性的高点，由于之前明显的放量上涨使得众多的短线筹码处于获利状态，可以说，这一区域应是一个短线获利抛压较重的区域。但此股却仍能够实现缩量盘整，这说明大多数的短线筹码并没有获利了结的愿望，这种短期获利而不抛售的市场行为并不是散户投资者交易方式的反映。一般来说，只有主力资金大量持仓且强力锁仓时，个股才能在短期获利抛压较重的区域中实现缩量形态下的强势盘整，因此通过分析，我们可以得出结论，之前一波放量上涨走势是源于主力建仓行为所致。

在得出以上结论后，这一放量上涨后的缩量盘整区域就是我们买股布局的区域，因为个股随后极有可能在主力资金的推动下步入到快速上升通道之中。图 8-17 标示了此股随后的走势情况。

图 8-16　深天健放量与缩量变化过程示意图

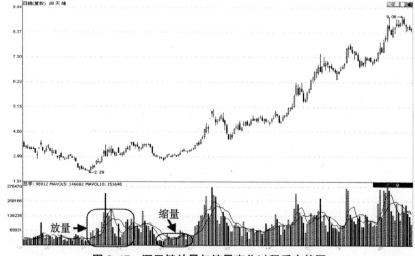

图 8-17　深天健放量与缩量变化过程后走势图

小提示

通过成交量的缩放变化方式，我们可以及时地了解到主力的市场行为，此时，再结合个股的趋势运行情况，我们就可以更为准确地进行买卖操作了。

# 第九章　直击盘口，把握短期内的多空转势

> 盘口是多空双方交锋的前沿阵地，也直接决定着当日价格走势。在实盘操作中，利用实时的盘口，我们不仅可以及时把握多空力量的转变，也可以从中发现主力的异动行为。本章中，我们将结合强势股与弱势股的分时线形态，来看看如何利用盘口更好地展开短线交易。

## 第一节　盘口实时工具指南

● **本节要点**

1. 涨幅排行榜
2. 量比
3. 委比
4. 内外盘
5. 换手率
6. 委托单
7. 综合排名窗口

● **节前概述**

能否正确地解读盘口信息，取决于我们能否正确地利用盘口信息、盘口工具。不同的盘口信息、盘口工具有着截然不同的作用，本节中，我们就来逐一看看哪些盘口信息是我们应重点关注的，哪些实时的盘口工具是我们应

掌握的。

## 一、涨幅排行榜

涨幅排行榜是将全体股票依某一行情数据（如涨幅、振幅、量比、委比等）进行依次排列的一个表。对于一般的股票行情软件来说，通过数字快捷键"60"可以打开沪深全体 A 股的涨幅排行榜，通过数字快捷键"61"可以打开上证 A 股的涨幅排行榜，通过数字快捷键"63"可以打开深证 A 股的涨幅排行榜。

利用涨幅排行榜，我们可以在盘口中实时了解到哪些个股在当日出现了强势上涨，哪些个股当日的盘中跌幅较大，哪些个股出现了明显放量或缩量，哪些个股在盘口中的上下震荡幅度较大等。可以说，涨幅排行榜为我们实时捕捉异动股提供了一个窗口，也使我们在进行短线交易时缩小了搜股范围。表 9-1 为 2011 年 1 月 24 日的上证 A 股涨幅排行榜，我们可以自行设定其中的表项（如涨幅、委比、量比、振幅等），从而使之更符合自己的看盘习惯。

表 9-1　上证 A 股涨幅排行榜

| 编号 | 代码 | 名称 | 涨幅（%） | 量比 | 振幅（%） | 委比（%） |
|---|---|---|---|---|---|---|
| 1 | 600292 | 九龙电力 | −10.01 | 2.26 | 10.68 | −100.00 |
| 2 | 600298 | 安琪酵母 | −10.01 | 2.12 | 6.04 | −100.00 |
| 3 | 601678 | 滨化股份 | −10.00 | 1.19 | 6.40 | −100.00 |
| 4 | 600378 | 天科股份 | −9.98 | 1.04 | 7.23 | −100.00 |
| 5 | 600388 | 龙净环保 | −9.97 | 5.10 | 10.36 | −50.44 |
| 6 | 600821 | 津劝业 | −9.93 | 1.01 | 7.58 | −100.00 |
| 7 | 600187 | 国中水务 | −9.76 | 2.57 | 12.32 | +32.12 |
| 8 | 600252 | 中恒集团 | −9.34 | 1.86 | 8.38 | −53.46 |
| 9 | 600763 | 通策医疗 | −9.25 | 1.66 | 10.00 | −6.92 |
| 10 | 600160 | 巨化股份 | −8.56 | 1.19 | 9.88 | −32.39 |
| 11 | 600365 | 通葡股份 | −8.46 | 1.39 | 8.78 | +44.48 |
| 12 | 600391 | 成发科技 | −8.33 | 1.52 | 10.62 | −26.03 |
| 13 | 600497 | 驰宏锌锗 | −8.31 | 0.76 | 8.52 | +9.31 |
| 14 | 600332 | 广州药业 | −8.06 | 1.14 | 10.22 | −52.79 |

小提示

除了关注股票的涨幅排行榜之外，我们还应关注板块指数的涨幅排行榜，这有利于我们及时了解当前的市场热点在哪里，从而为实盘操作提供依据。

## 二、量比

量比，顾名思义，是成交量的相对比值，它是盘口实时衡量个股放量与缩量情况的一个指标。其计算方法是：用开市后平均每分钟的成交量与过去5个交易日平均每分钟成交量之比，即量比 = 现成交总手/现累计开市时间（分）/过去5日平均每分钟成交量。

一般来说，若某日量比为 0.8~1.5 倍，则说明成交量处于正常水平；过大的量比数值（如量比数值超过 2）和过小的量比数值（如量比数值小于 0.5），说明个股出现了明显的放量或缩量，这样的量能异动个股是我们应重点关注的对象。

小提示

在利用量比分析个股时，我们一定要结合个股之前的走势情况及当日的盘口走势来综合分析，这样才能达到有效利用量比数值、准确利用量比数值的目的。

## 三、委比

委比是衡量委买、委卖盘中挂单数值相对比值大小的指标，它的计算方法是：委比 =（委买手数 − 委卖手数）/（委买手数 + 委卖手数）× 100%。委比的取值范围从−100%至+100%，当委比为正值时，说明委买盘的挂单数量更多，当委比数值为负值时，说明委卖盘中的挂单数量更多。

很明显，委比数值为正值，且绝对值越大，则说明委买盘越多，是买盘强劲、个股易涨的标志；而委比数值为负值，且绝对值越大，则说明委卖盘越多，是卖盘强劲、个股易跌的标志。但在实盘操作中，委买、委卖盘中的挂单也许是主力资金刻意挂出的虚假单子，例如主力可以在委买盘挂出大量的买单，但却并不是真的想要买股，主力也可以在委卖盘挂出大量的卖单，但却并不是真的想要卖股。此时，我们就要结合个股的走势情况来综合分析了。

( 小提示 )

在利用委比分析个股时，我们往往采取逆向的思维方法，这尤其适用于委比数值过大的时候。例如：一只个股在开盘或盘中走势波澜壮阔的情况下，委买盘的数量远大于委卖盘，很明显，这些委买单并不是真的想要买股，那么，它们挂出来的目的又是什么呢？这是值得我们深思的，也许，这就是主力假护盘、真出货的市场行为体现。

## 四、内外盘

内外盘是我们用于衡量主动卖出与主动买入情况的指标，内盘，是当日盘口交易中主动卖出的数量，内盘越大，说明主动性的卖出数量越大，这是个股抛压沉重、价格走势趋跌的表现；外盘，是当日盘口交易中主动买入的数量，外盘越大，说明主动性的买入数量越大，这是个股买盘强劲、价格走势趋涨的表现。内盘与外盘相加，正好等于成交量。

在利用内盘、外盘分析个股时，我们同样要结合个股的前期走势及当日盘口走势来分析，较大的外盘数值若出现在个股的上升途中且当日盘口走势上涨，这是买盘强劲、升势依旧的标志；较大的内盘数值若出现在个股的下跌途中且当日盘口走势下跌，这是卖盘沉重、下跌趋势仍将延续的标志。

( 小提示 )

在高位区，如果内盘或外盘明显变大而个股走势滞涨，则这往往是主力展开出货的表现；此时的外盘过大，很有可能是主力对倒造成的，若是内盘较大，则往往是市场真实抛压的体现；反之，在低位区，过大的内盘而不下跌，则有可能是主力假打压、真吸货的表现，而此时过大的外盘，则有可能是主力快速建仓的体现。

## 五、换手率

换手率是反映股票流通性的指标之一，是指在一定时间内市场中股票转手买卖的频率。其计算公式为：换手率＝（某一段时间内的成交量/流通总股本）×100%，一般来说，多以"日"为时间单位来进行计算。

日换手率过高时，应引起我们的重视，它可能意味着机会的出现，也可能预示着风险的出现。一般来说，当股价处于低位时，当日换手率达到4%左右时应引起投资者的关注，而上升途中换手率达到20%左右时则应引起警惕。

换手率可以反映出筹码的换手程度，而这也是我们分析主力行为的关键所在，此时，我们要应用"累计换手率"这个概念。所谓的累计换手率是指：在某一段时间内，个股所有交易日的换手率之和。累计换手率多用于统计个股盘整震荡走势中的换手情况。在低位区，个股只有经充分换手，主力才有可能完成大力度的建仓；在高位区，筹码也只有经过充分换手，主力才有可能进行充分出货。

（小提示）

在使用换手率这个数据时，我们还应注意个股之间的区别。如果上市公司大股东持有的流通股数量巨大，则此股的换手率会相应地低于其他个股，但并不是个股换手不充分、市场交投不活跃的表现。因为上市公司大股东所持有的筹码一般并不会参与股市交易。

## 六、委托单

委托单是指在委买盘与委卖盘中所挂出的单子，在价格走势较为平稳的时候，委买盘与委卖盘的挂单数量应相差不多。但是，在较为激进的升势或跌势中，委买单与委卖单的数量会相差较大，此时，通过委买单与委卖单的相差情况，我们可以更好地了解到多方或空方的力量。

此外，在委买盘与委卖盘中出现的异常大单往往也是主力控盘意图的体现，例如，异常大的单子挂在委卖盘上，就可以让市场产生个股抛压沉重、股价难涨的直觉；异常大的单子挂在委买盘上，则可以让市场产生主力护盘、股价难跌的直觉。但大单压顶是否就是主力出货意愿的体现、大单托底是否就是主力护盘的体现，在实盘操作中，我们仍需结合价格走势情况来综合辨别，以免误入主力精心设计的圈套。

小提示

在关注委托单情况时，大单压顶与大单托底这两种情况是我们应格外关注的。一般来说，高位滞涨区的大单压顶，是抛压沉重、涨势难以持续的信号；而低位区的大单压顶但个股却止跌企稳，则是主力假打压真吸货的表现；反之，高位区的大单托底但个股却滞涨，多是主力假护盘、真出货的体现。

## 七、综合排名窗口

综合排列窗口也可以称为个股实时异动窗口，它可以反映最近五分钟内哪些个股出现了明显的上涨、下跌或是放量与缩量等异动变化，是我们实时捕捉盘口异动股的重要工具。在一般的股票行情软件中，通过数字快捷键"80"，可以调出全体 A 股的综合排行窗口；通过数字快捷键"81"，可以调出上证 A 股的综合排行窗口；通过数字快捷键"83"，可以调出深证 A 股的综合排行窗口。

图 9-1 为上证 A 股的缩合排行窗口，可以看到，这一窗口提供了很多实时的行情数据，特别是其中的最近 5 分钟涨幅、跌幅数据，颇具盘口实战价值。

小提示

综合排名窗口可以帮助我们实时了解到出现异动走势的个股，但投资者想要了解更多的实时行情数据、想要在第一时间内发现符合自己要求的异动个股，则略显不足。此时，我们可以借助于股票行情软件中所提供的"预警功能"、"异动股提示"等功能。投资者只需在软件中进行简单的设置即可以对异动个股进行捕获。

| 今日涨幅排名 | | | 5分钟涨幅排名 | | | 委比正序排名 | | |
|---|---|---|---|---|---|---|---|---|
| 长航油运 | 6.01 | 4.52% | 锦州港 | 4.46 | 7.67% | ST百花 | 13.70 | 94.77% |
| 乐山电力 | 12.14 | 4.39% | ST百花 | 13.70 | 4.96% | 红星发展 | 16.19 | 93.96% |
| 杭钢股份 | 5.06 | 3.90% | ST天宏 | 12.60 | 4.92% | 广东榕泰 | 7.54 | 93.51% |
| 永泰能源 | 23.94 | 3.23% | 永泰能源 | 23.94 | 4.27% | 金钼股份 | 20.51 | 93.45% |
| 美尔雅 | 10.30 | 3.10% | 大连圣亚 | 15.82 | 3.89% | 科达机电 | 18.40 | 90.84% |
| ST二纺 | 6.40 | 2.40% | 乐山电力 | 12.14 | 2.41% | 哈投股份 | 7.66 | 90.68% |
| 今日跌幅排名 | | | 5分钟跌幅排名 | | | 委比逆序排名 | | |
| 滨化股份 | 20.07 | -5.51% | 永生投资 | 11.42 | -10.46% | 海南橡胶 | 10.80 | -96.46% |
| 国投电力 | 7.04 | -4.74% | 南京中商 | 22.00 | -7.93% | 平高电气 | 10.14 | -95.99% |
| 天科股份 | 14.05 | -4.42% | 伊力特 | 13.38 | -6.05% | 同方股份 | 24.95 | -95.59% |
| ST宝诚 | 15.50 | -4.14% | 栖霞建设 | 4.89 | -5.76% | 驰宏锌锗 | 26.23 | -95.45% |
| 东方通信 | 6.06 | -3.81% | 长航油运 | 6.01 | -5.57% | 宏达股份 | 13.27 | -95.32% |
| 青海华鼎 | 10.41 | -3.70% | 福日电子 | 6.91 | -5.52% | 荣华实业 | 13.77 | -92.82% |
| 今日振幅排名 | | | 今日量比排名 | | | 总金额排名 | | |
| 滨化股份 | 20.07 | 0.00% | 长航油运 | 6.01 | 14111.86 | 长航油运 | 6.01 | 14052 |
| 国投电力 | 7.04 | 0.00% | ST二纺 | 6.40 | 2981.66 | 酒钢宏兴 | 11.00 | 1015 |
| 天科股份 | 14.05 | 0.00% | 杭钢股份 | 5.06 | 1371.50 | 曙光股份 | 17.25 | 738 |
| ST宝诚 | 15.50 | 0.00% | 国投电力 | 7.04 | 1285.27 | 青海华鼎 | 10.41 | 499 |
| 东方通信 | 6.06 | 0.00% | 青海华鼎 | 10.41 | 1056.40 | 长江电力 | 7.56 | 456 |
| 青海华鼎 | 10.41 | 0.00% | 酒钢宏兴 | 11.00 | 949.09 | 晋亿实业 | 20.28 | 422 |

**图 9-1 上证 A 股综合排名窗口示意图**

# 第二节 解读大盘指数分时图

## ● 本节要点

1. 看懂大盘指数分时图

2. 综合指数与领先指数的分化

## ● 节前概述

大盘指数分时图中蕴涵了重要的市场信息，在实盘操作中，利用这一分时图中综合指数与领先指数的走势分化，我们往往提前预知大盘即将出现的反转下行或是反转上行。

## 一、看懂大盘指数分时图

大盘指数分时图用于反映股市整体的盘中实时走势情况，对于国内股票市场来说，上证指数（也称为上证综合指数）就是我们常说的大盘指数。通过数字快捷键"03"我们可以打开上证指数分时图窗口。但是在这一窗口中，我们却可以看到两条指数分时线，其中的一条为上证综合指数，另一条则是上证领先指数，那么，它们有什么区别呢？

它们的区别就在于计算方法的不同。上证综合指数采用加权法进行计算，个股的股本越大则权越重，对指数的影响力也越大，因此大盘股对上证综合指数的影响力更大，而上证综合指数也更为准确地反映了大盘股的整体走势情况。上证领先指数则采用不加权法进行计算，个股的股本此时无关紧要，股价成为首要因素，个股的股价越高，则对指数的影响力越大，由于中小盘个股的股价往往要更高一些，因此这一指数能更好地反映出中小盘股的整体走势。

图 9-2 为上证指数 2010 年 11 月 1 日分时图，在这张分时图中，较粗的分时线为上证综合指数，较细的分时线则为上证领先指数。可以看到，两者的走向趋近，实际上，在大多数交易日中，由于大盘股的走势与中小盘股的走势并没有明显分歧，因此两者的走势是几乎相同的。但是极端的行情中，两者则往往出现明显的分化，此时，市场极有可能出现转向，这才是我们区分"上证综合指数"与"上证领先指数"的意义所在。

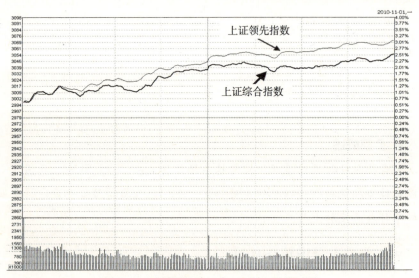

图 9-2　上证指数 2010 年 11 月 1 日分时图

小提示

当上证综合指数与上证领先指数走势出现明显分化时，如果此时的大盘正处于一波涨势后的高点或是一波跌势后的低点，则多是短期内的走势将反转的信号，此时，我们应做好高抛或低吸的准备。

## 二、综合指数与领先指数的分化

图 9-3 标示了上证指数 2009 年 7 月 24 日的分时走势图，可以看到，在当日的午盘之后，上证综合指数与上证领先指数在走势上出现了明显的分化，在 13：00 之后的 10 多分钟内，上证综合指数加速上行，而同时间的上证领先指数却开始跳水。从图中左侧的 K 线走势图中可以看到，当日的大盘正处于持续大幅上涨后的高点，因此这种指数间的明显分化可以看做市场将突变的信号，在实盘操作中，我们应进行卖股操作。图 9-4 标示了此股在 2009 年 7 月 24 日之后的走势情况。

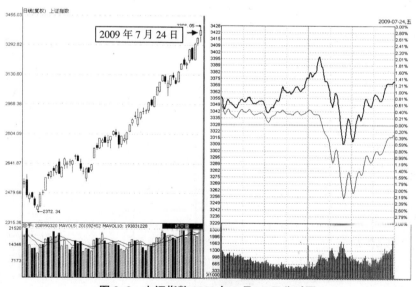

**图 9-3　上证指数 2009 年 7 月 24 日分时图**

图 9-4　上证指数 2009 年 7 月 24 日前后走势图

　　图 9-5 为上证指数 2010 年 11 月 11 日分时图，上证综合指数与上证领先指数在当日的尾盘阶段出现了明显的分化，当日大盘正处于一波快速上涨后的高点，这种明显的分化同样是短期内升势结束的信号，可以作为我们短线卖股离场的信号。图 9-6 标示了此股在 2010 年 11 月 11 日前后的走势情况。

图 9-5　上证指数 2010 年 11 月 11 日分时图

图9-6 上证指数 2010 年 11 月 11 日前后走势图

小提示

上证综合指数与上证领先指数走势的分化更经常地体现为：上证综合指数大涨而上证领先指数大跌，此时，投资者很可能误以为大盘股开始发力，股市短期内难以下跌，然而，实际的情况往往正好相反。

# 第三节　强势股的分时线形态与买点

● 本节要点

1. 强势股的分时图特点

2. 强势股的盘中买点

● 节前概述

个股的走势，在短期内往往呈现出强者恒强的格局。通过盘口的分时图，实时地掌握并出击强势股，就成了我们短线交易制胜的法宝。本节中，我们来看看如何利用分时图识别强势股、出击强势股。

## 一、强势股的分时图特点

强势股的分时图有三个鲜明的特点，它们分别是盘口涨幅超过 2%、均价线对分时线形成有力支撑、盘口的流畅上扬形态及量能的同步放大，下面我们结合实例来看看这三大特点。

### 1. 盘口涨幅超过 2%

即称之为强势股，那么，它一定要上涨才行。涨幅越大则上涨势头越强烈，但为了实盘操作的可行性，为了能及时捕捉到强势股，我们不宜将其涨幅设得过大，依笔者经验来说，涨幅超过 2% 这个标准是一个不错的选择。它可以帮助我们尽快找出那些明显强于大市的股票，毕竟，大盘当日涨幅超过 2% 的情况并不常见。

### 2. 均价线对分时线形成有力支撑

均价线体现当日开盘后市场平均持仓成本的变化情况，如果个股的分时线稳稳地运行于均价线上方，则说明买盘较为积极，是多方力量强于空方抛压的表现，也是个股强势运行的典型特征之一。

图 9-7 为中国中冶（601618）2010 年 10 月 11 日分时图，当日此股开盘后不久即涨幅超过了 2%，在全天的交易中，分时线也稳稳地运行于均价线上方，这是均价线对个股上涨形成有力支撑的体现，也是个买盘强劲、个股

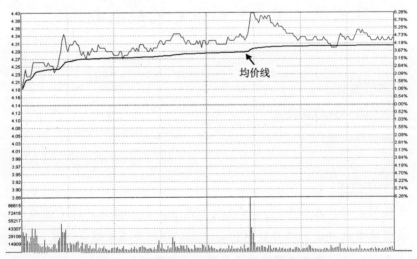

**图 9-7　中国中冶 2010 年 10 月 11 日分时图**

上涨势头强劲的表现。当日此股正处于一波上涨走势的初期，这种盘口的强势运行特点说明短期上升走势仍将继续，图9-8标示了此股在2010年10月11日前后的短期走势情况。

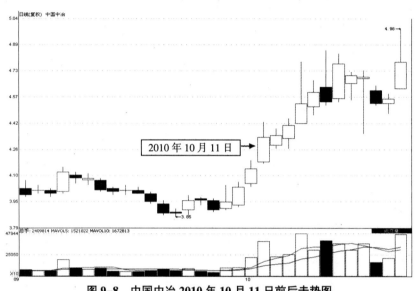

图 9-8　中国中冶 2010 年 10 月 11 日前后走势图

3. 盘口的流畅上扬形态及量能的同步放大

强势股之所以强势，这与主力资金的积极拉升密不可分，主力在拉升个股时多会采取连续大买单扫单的操作方法，这种操作方式体现在盘口走势中就是流畅上扬的分时线与同步放大的分时量。因此盘口的流畅上扬形态与量能的同步放大也是我们识别强势股的重要着手点。

图 9-9 为川大智胜（002253）2010 年 8 月 27 日分时图，如图中标注所示，此股在当日的盘口中，其分时线走势出现了流畅上扬的形态，且同期的量能也逐步放大，这是个股强势运行的典型写照。当日此股正处于盘整后的突破位置，这种盘口的强势运行形态可以说是主力资金有意拉升个股、个股即将突破上行的信号，图 9-10 标示了此股在 2010 年 8 月 27 日前后的走势情况。

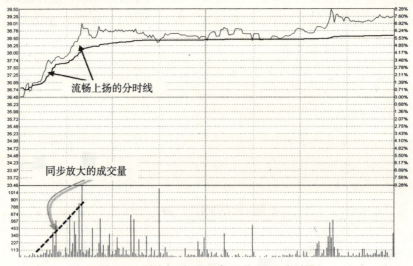

图 9-9　川大智胜 2010 年 8 月 27 日分时图

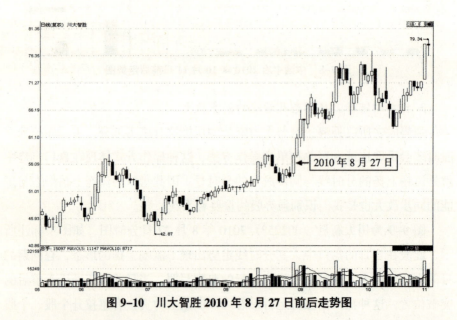

图 9-10　川大智胜 2010 年 8 月 27 日前后走势图

## 二、强势股的盘中买点

对于盘口强势股来说，我们可以进行短线买股操作，也可以放弃操作，这一方面取决于个股的当日盘口表现，还取决于它的前期走势情况。如果个股当日正处于低位盘整区的突破位置处或是一波涨势初期，则此时买股风险小、获利大；反之，如果个股此时处于大幅上涨后的高点，则此时买股就是一种不明智的追涨操作了，也是一种高风险、低获利的不明智之举。

在实盘操作中，一旦我们认为盘口强势股也是一只好的买股对象时，就可以在盘口择机买入。强势股的盘口买点很好把握：当个股回调至均价线附近时，就是极佳的短线买点。

图 9-11 为人福医药（600079）2010 年 8 月 27 日分时图，当日此股在盘口中的表现可谓强势，如图中箭头标注所示，当股价回调至均价线附近时，就是极佳的盘口买股时机。图 9-12 标示了此股在 2010 年 8 月 27 日前后的走势情况，可以看到，当日此股正处于盘整后的突破位置，因此在 K 线走势有保障的情况下，结合分时图的强势运行特点、分时图中的买点，我们就可以展开一次成功的短线交易。

**小提示**

在利用强势股的分时图进行短线买股操作时，我们一定还要关注它的日 K 线走势情况，只有分时图的强势与日 K 线图的良好走势形成共振时，才是绝佳的短线买股时机。

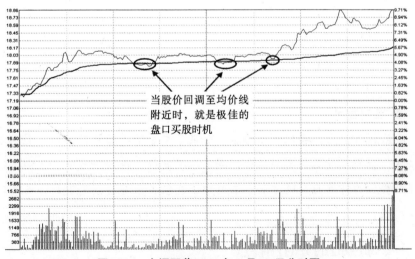

当股价回调至均价线附近时，就是极佳的盘口买股时机

图 9-11　人福医药 2010 年 8 月 27 日分时图

图 9-12　人福医药 2010 年 8 月 27 日前后走势图

## 第四节　弱势股的分时线形态与卖点

● **本节要点**

1. 弱势股的分时图特点

2. 弱势股的盘中卖点

● **节前概述**

短线操作，应尽量规避弱势股。如果手中未持有弱势股，则我们不宜将其买入，如果手中已持有弱势股，则应尽早卖出。在上一节中，我们已经讲解了强势股的特点与买股方法，本节中，我们再来看看弱势股的特点及卖股方法。

### 一、弱势股的分时图特点

弱势股的分时图有三个鲜明的特点，它们分别是盘口走势明显弱于大盘、均价线对分时线构成有力阻挡、盘口的快速跳水形态。下面我们结合实例来看看这三大特点。

1. 盘口走势明显弱于大盘

弱势股的最大特点之一就是大盘涨时它不涨，大盘跌时它紧随。因此结合大盘指数的分时图来分析弱势股是一种可行的方法，如果一只个股的长期走势弱于大盘的话，那么，它在盘口的中的走势也往往是弱于当日大盘的。

图 9-13 为绿景地产（000502）2010 年 10 月 8 日分时图，图 9-14 为上

图 9-13　绿景地产 2010 年 10 月 8 日分时图

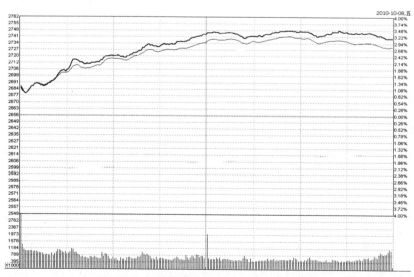

图 9-14　上证指数 2010 年 10 月 8 日分时图

证指数 2010 年 10 月 8 日的分时图，通过对比可以看到，当日此股的走势明显弱于大盘。这也是此股无主力运作，或是主力全无拉升意愿的体现，这种情况将致使个股在随后的一段时间内难有好的上涨行情，是我们短线交易中应规避的品种。图 9-15 标示了此股在 2010 年 10 月 8 日之后的走势情况。

**图 9-15　绿景地产 2010 年 10 月 8 日后走势图**

2. 均价线对分时线构成有力阻挡

均价线体现当日开盘后市场平均持仓成本的变化情况，如果个股的分时线持续运行于均价线下方，则说明卖盘的抛压较重，是空方力量强于多方力量的表现，也是个股弱势运行的典型特征之一。

图 9-16 为宁波富邦（600768）2010 年 12 月 2 日分时图，当日此股全天运行于均价线下方，这是抛压沉重、多方无力反击的标志，也是个股弱势运行的典型特征。当日此股正处于高位盘整区的高点，因此，这种盘口中的弱势运行特点预示着一波跌势即将展开，是我们卖股离场的信号。图 9-17 标示了此股在 2010 年 12 月 2 日前后的走势情况。

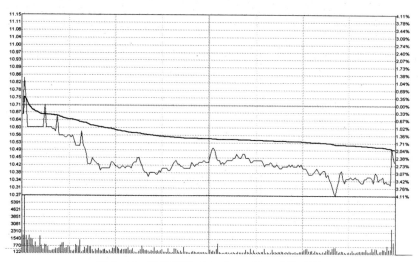

**图 9-16　宁波富邦 2010 年 12 月 2 日分时图**

**图 9-17　宁波富邦 2010 年 12 月 2 日前后走势图**

### 3. 盘口的快速跳水形态

盘口的快速跳水形态既可能是主力打压出货的体现，也可能是市场抛压集中涌出的信号，无论是哪一种，都说明空方在短期内已牢牢占据了主导地位，是个股走势易跌难涨的表现，也是个股将在短期内弱势运行的标志。

图 9-18 为东方钽业（000962）2010 年 11 月 12 日分时图，如图中标注

所示，此股在当日的盘口中，其分时线走势出现了快速跳水形态，这是市场抛压开始集中涌出的信号。当日此股正处于大幅上涨后的高点区，因此这种快速跳水的形态预示着一波下跌走势即将展开，是个股明显弱势的标志，也是我们应卖股离场的信号。

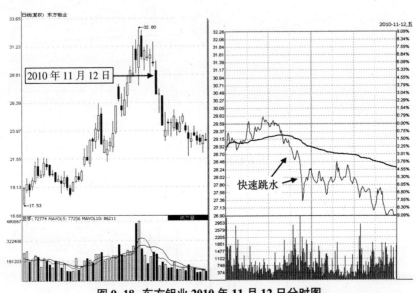

图 9-18 东方钽业 2010 年 11 月 12 日分时图

## 二、弱势股的盘中卖点

对于盘口弱势股来说，我们可以进行短线卖股操作，也可以放弃操作，这一方面取决于个股的当日盘口表现，还取决于它的前期走势情况。如果个股当日正处于高位盘整区的高点、向下破位位置或者是处于一波下跌走势的初期，则此时应及时卖股离场；反之，如果个股之前已出现了较深幅的阶段性跌幅，此时出局难免卖在低位。

在实盘操作中，高位区的盘口弱势股是我们应卖出的对象，一旦我们认为盘口弱势股可以卖出时，就可以在盘口中寻找卖点出局。弱势股的盘口卖点很好把握：当个股反弹至均价线附近时，就是极佳的短线卖点。

小提示

　　在利用弱势股的分时图进行短线卖股操作时，我们同样也要关注它的日K线走势情况，只有分时图的弱势与日K线图下跌趋向相吻合时，才是更为理想的卖股时机。

# 第十章　追踪黑马，技术分析与题材共振

题材行情是我们在炒股时重点关注的对象、重点出击的对象，那么，我们如何着手来把握题材行情下的买股机会呢？依据笔者多年来征战股市的经验，我们既要从不同的热点题材面来把握，也要从其盘面形态等技术分析的角度来把握。本章中，我们将结合技术分析手段，来看看如何利用各种不同的题材进行题材股的实战操作。

## 第一节　如何出击题材中的龙头股

● **本节要点**

1. 从消息面发现涨停异动股

2. 个股的股本大小

3. 封涨停板的时间及形态

4. 前期的 K 线走势

5. 是否有重大隐藏题材

● **节前概述**

参与题材股，我们应重点关注同一热点题材下的龙头股，所谓的龙头股，就是在主力炒作这一题材时，其涨势最凌厉、阶段涨幅最大的个股，只有参与这样的龙头题材股，我们才可以获取更高的短线回报。本节中，我们结合区域利好政策消息下催生的龙头股 *ST 罗顿，来看看如何发掘、操作热

点题材下的龙头股。

## 一、从消息面发现涨停异动股

国内股市素有政策市之称，政策的引导方向往往也是股市的运行方向，在关注政策面的消息时，我们既要关注一些关乎股市整体走向的金融政策、调节政策，也要关注相关的行业性政策、区域性政策。

利好性政策出台时，往往就是主力资金大肆炒作相关题材股之时，此时，哪些个股最先上涨、哪些个股涨势最为迅急，则此股往往就会成为这一波政策题材下的龙头股。对于这类个股，一旦我们发现，就应及时追涨买入。

图 10-1 为 *ST 罗顿（600209）2010 年 1 月 5 日分时图，当日此股高开高走、快速上封涨停板，且封板形态为一次上封即牢牢封住型，当日此股的这种异动走势是源于上一日国家出台的一则区域性利好消息。

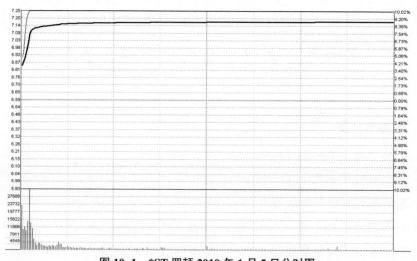

**图 10-1  *ST 罗顿 2010 年 1 月 5 日分时图**

2010 年 1 月 4 日，国务院发布《国务院关于推进海南国际旅游岛建设发展的若干意见》。至此，海南国际旅游岛建设正式步入正轨。这对整个海南板块的上市公司来说是一则重大利好消息，受此消息影响，海南板块次日（2010 年 1 月 5 日）整体高开。

此时，我们可以考虑到这一则重大的区域性利好消息将引发主力资金的题材炒作热情，那么，在海南板块中，我们应如何选取个股呢？

题材炒作讲究的是力度与速度，个股在题材出现时最初的表现往往就决定着它在随后的题材行情中能有多大的上升动力。一般来说，我们可以从个股股本大小、封涨停板时间及形态、前期 K 线走势、是否还有重大的隐藏题材这四方面着手来捕捉同一题材下的龙头股，这种方法也适用于其他题材。下面我们就结合本例来看看 *ST 罗顿是否有可能成为海南国际旅游岛建设获批这一政策利好题材下的龙头股。

## 二、个股的股本大小

炒作题材股的主力资金往往是市场游资，它们虽然具有一定的实力，但却难以撬动那些券商、基金、大金融机构所重仓的大盘股，因此个股要想在题材的催生下出现飙升走势，其股本不能太大。

就本例来说，*ST 罗顿总股本在 10.3 亿元，流通股则只有 2.2 亿元，而且股价相对较低，这使得其只需少量的资金炒作，即可以实现飙升走势。

## 三、封涨停板的时间及形态

原则上来说，个股在热点题材的催生下而启动上涨时，其涨停板出现得越早、封板越坚决，则说明主力资金短期做多意愿越强烈，这类个股更有可能成为这一波题材下的龙头股。

就本例来说，*ST 罗顿当日大幅高开，且在高开后快速上封涨停板，并且是最为坚决的一次牢牢即封住涨停板的形态，而对比其他的海南板块个股来说，*ST 罗顿的封板时间与形态都是明显占优的。下面我们选取几只海南板的个股，来对比分析一下其当日（2010 年 1 月 5 日）的盘口形态。

图 10-2 为海南高速（000886）2010 年 1 月 5 日分时图，此股隶属于海南板块，当日此股仅是小幅高开，直至收盘时才上封涨停板。其走势虽然较强，但相对于 *ST 罗顿而言，不够强势。

图 10-3 为海南椰岛（600238）2010 年 1 月 5 日分时图，当日此股仅是在早盘开盘后出现了一波飙升走势，在全天余下的交易时间段内，其走势逐波滑落，明显偏弱。

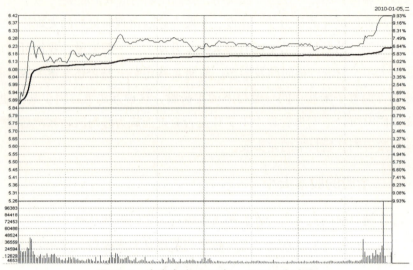

**图 10-2 海南高速 2010 年 1 月 5 日分时图**

**图 10-3 海南椰岛 2010 年 1 月 5 日分时图**

通过以上的对比分析可以发现，*ST 罗顿的走势无疑是最为强势的，因此此股从盘口分时图形态上来说，具备了成为龙头股的潜质。如果我们在当日没能及时买入此股的话，那么，在随后交易日中买入也不失为一种明智之举，龙头股在一波题材行情下，其涨幅往往是极大的，一个涨停板的上涨幅度远不是主力所运作的目标。

## 四、前期 K 线走势

龙头股要有较为充分的上涨空间，因此，其前期的累计涨幅不能太大，其前期走势最好能以稳健的盘整走势形态出现，因为这种形态可以看做是主力资金吸筹的表现，也可以看做是多方力量不断会聚的标志。

图 10-4 为 *ST 罗顿（600209）在 2010 年 1 月 5 日之前的走势，可以看到，此股前期累计涨幅较小，一直处于横盘震荡整理走势中，因此一旦此股因利好题材而启动，其后期上涨空间还是极为充分的。

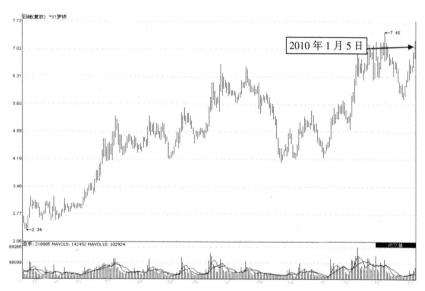

**图 10-4　\*ST 罗顿 2010 年 1 月 5 日之前走势图**

## 五、是否有重大隐藏题材

一则利好消息会对某一类个股产生明显的利好效应，但影响程度却不相同，如果个股因具备了某种资源，而使得其在这一则利好消息下的受益程度明显加大，则其成为龙头股的可能性就要大大增强。我们可以把上市公司所具备的这种资源看做是其在显性题材下拥有的可再挖掘的隐藏题材。

*ST 罗顿就具备了这种隐藏题材，此上市公司早些年在海南省的黄金地段购入了大量的土地，而且，这些土地由于一直未开发利用，致使其淡出了市场的视线，成为了十足的隐藏性题材，在 2009 年国内房地产价格节节走

高的背景下，在房地产市场节节升温的背景下，在海南国际旅游岛获批的背景下，上市公司所拥有的这些土地其增值幅度无疑将是惊人的。因此，此股在《国务院关于推进海南国际旅游岛建设发展的若干意见》这一消息公布后，其土地增值题材的想象空间是巨大的。

图 10-5 标示了此股在 2010 年 1 月 5 日之后的走势情况，可以看到，此股因具备了上数四大要素，而成为主力资金这一波政策题材炒作下的龙头个股。

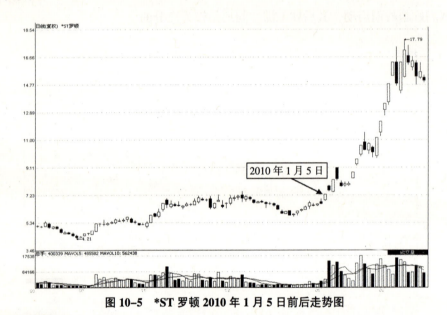

**图 10-5　*ST 罗顿 2010 年 1 月 5 日前后走势图**

小提示

本节中，我们从五个方面着手来把握一波题材中的龙头股，这五个方面分别是：个股的股本大小、封涨停板的时间及形态、前期 K 线走势、是否有重大隐藏题材。虽然我们是以区域性政策利好消息为样本，但这种从五个角度把握题材龙头股的方法是可以同样应用于其他题材实战中的。

# 第二节　从公布高送转方案的个股中把握题材行情

● 本节要点

1. 什么是高送转

2. 高送转题材为何受青睐

3. 哪些个股更具有高送转潜力

4. 如何操作高送转股

● 节前概述

"高送转"是国内股市的一大特色，自中国股市诞生以来，每年的年报将要出台时，有高送转分配方案的个股一直是投资者关注的焦点，也是主力炒作的热点。这些有高送转分配预案的个股，往往会在主力的炒作下，出现中短期内的暴涨走势，由此形成独特的高送转行情。本节中，我们将在讲解高送转概念的基础之上，结合技术分析，来看看如何操作高送转题材个股。

## 一、什么是高送转

高送转 ➡ 　　高送转就是指大比例送红股或转增股本的分配方案。例如：每 10 股送 10 股，或者是每 10 股转增 10 股等，这些均属于高送转。高送转仅仅是一种扩大股本的分配方案，是股东权益的内部结构调整，对公司的盈利能力没有任何实质性影响。在上市公司高送转方案实施后，公司的总股本相应扩大，但股价却等比例地降低，因此，投资者的账面金额不会因此发生变动，股东权益也不会因此而增加。

上市公司在实施了高送转方案当日，股价要作"除权"处理，所谓的除权，就是在给投资者送股、转股的时候，对二级市场中的股价进行等比例的调低。例如：每 10 股送 10 股，如果投资者在高送转实施之前买入了此股，那么，在高送转实施后，其持股数量将增加一倍，但是股价将减少一半，因此，持股者虽然持股数量增加了一倍，但由于股价下降了一半，其账户总市值是不变的。也就是说，尽管"高送转"方案使得投资者手中的股票数量增加了，但股价也将进行相应的调整，投资者持股比例不变，持有股票的总价值也未发生变化。

小提示

高送转方案中，有"送股"与"转股"之分，虽然它们对投资者并无实质影响，但却是有区别的。"送股"指上市公司将本年的利润留在公司里，发放股票作为红利，从而将利润转化为股本，可以说，只有在公司有盈余的情况下，才能向股东送红股。而"转股"的转增股本却来自于资本公积，它可以不受公司本年度可分配利润的多少及时间的限制，只要将公司账面上的资本公积减少一些，增加相应的注册资本金就可以了，因此，转增股本严格地说并不是对股东的分红回报。

## 二、高送转题材为何受青睐

高送转分配方案之所以易获主力资金炒作、受投资者追捧，既与国内股市的题材炒作氛围有关，也与高送转的独特魅力相关，高送转股主要有以下几大特点。

1. 上市公司的高送转往往是其高速成长的体现

在国内股市中，上市公司高速成长的过程往往也是其股本同步扩大的过程，上市公司在高速成长中，其资产规模势必稳步增长，这使得其股票市值也会同步增加，而且，在其高速发展中，为了从股市中再融资、增加二级市场的流动性等原因，往往就会实施高送转方案，因此，投资者通常会认为高送转向市场传递了公司未来业绩将保持高增长的积极信号，由此引发参与高送转股的热情。

图 10-6 为苏宁电器（002024）2004 年 9 月至 2007 年 6 月期间走势图，此股是一只典型的高速成长型股票，其净利润增长率连续多年保持在 100%

左右的增长幅度，而且这种增长是一种复利式的增长，与上市公司高成长同步的还有其连年实施的高送转方案。可以说，透过上市公司的高送转方案，我们可以初步了解到一家公司是否正进入高速成长期。

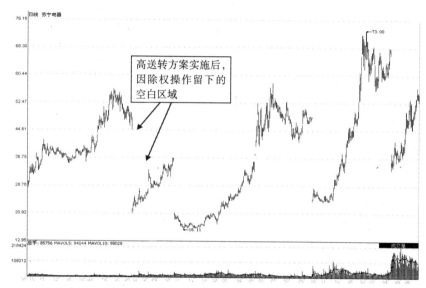

图 10-6　苏宁电器 2004 年 9 月至 2007 年 6 月期间走势图

2. 高送转除权之后，可以形成"低价"的视觉效果

主力炒作个股之后，能否顺利出货是其控盘成败的关键所在。高送转由于在除权之后，可以大幅度地降低股价，因此，会形成一种"低价"的视觉效果，当然，这种低价的视觉效果只有在已除权的走势图中才能得以显现，但这仍不失为主力出货创造了一种相对有利的条件。

图 10-7 为中兵光电（600435）2008 年 8 月至 2009 年 10 月期间走势图，此股在 2008 年报中推出了 10 转增 10 的高送转方案，在高送转方案实施之前，此股出现了大幅度的上涨，但是，在正式实施高送转方案后，由于股价经除权处理，使得其呈现出了明显的"低价"视觉效果，这为主力的后期出货创造了有利的条件。

要想真正地看清个股是处于低位区还是处于大涨后的高位区，我们可以对个股进行复权处理，此时，个股的走势就会是一种连续的状态，不会因高送转的除权操作而出现断层。图 10-8 为中兵光电 2008 年 8 月至 2009 年 10 月期间的复权走势图。

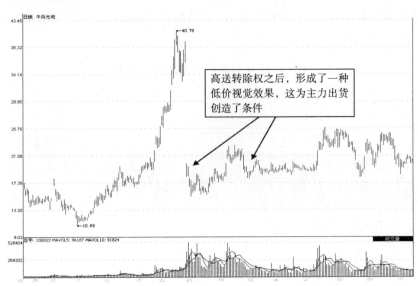

高送转除权之后，形成了一种
低价视觉效果，这为主力出货
创造了条件

图 10-7　中兵光电 2008 年 8 月至 2009 年 10 月期间走势图

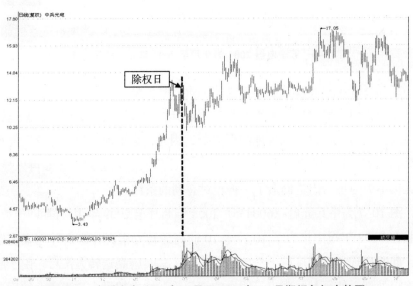

除权日

图 10-8　中兵光电 2008 年 8 月至 2009 年 10 月期间复权走势图

小提示

　　本书在讲解实例时，为了充分体现价格走势的连续性，我们是以复权的
方式来呈现股价走势图的，以免读者因走势图中的除权空白区域，而出现理
解上的错误、判断上的失误。

3.高送转后的个股常常会出现填权行情

一些高送转个股，或是因为业绩增速较快，或是因为有重大的资产注入，在高送转方案实施后，若主力积极运作，则往往仍会受到投资者的追捧，因而很容易走出填权行情。

所谓的填权，就是指在上市公司送转股之后，个股再度出现持续上涨，从而填补因除权留下的缺口。

图 10-9 为贵州茅台（600519）2005 年 11 月至 2006 年 12 月期间走势图，此股在 2006 年 5 月 25 日实施了"10 送 2.40 股转增 10.00 股派 410.32元"的高送转方案，在随后的半年多时间里，因主力资金的积极拉升、上市公司的高速成长，出现了可观的填权行情。

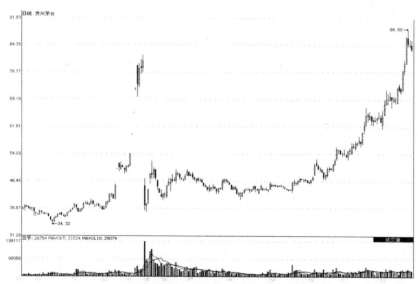

图 10-9　贵州茅台高送转实施后的填权走势图

## 二、哪些个股更具有高送转潜力

想要知道哪些个股会推出高送转方案，最可靠的方法就是内幕消息，但对于散户投资者来说，这种消息是难以提前获得的。但我们还可以从技术分析的角度着手，来发掘高送转潜力股。

依据国内股市实施高送转方案的个股实际情况来看，我们可以从上市公司的股本、股价、每股公积金、主营业务增长情况等方面来筛选具备高送转潜力的个股。一般来说，股本较小（平均股本在 4 亿股以内）、上市后没有推出过高送转方案、主营业务大幅增长（年报业绩有望增长 40% 以上）、股价偏高（平均股价高于 40 元）、每股资本公积和每股未分配利润超过 1 元的个股，其推出高送转方案的可能性要更大一些。

**小提示**

在高送转方案推出前进行布局，当然是最好的选择，但这难度太大。机会偏爱于有准备的人，当上市公司推出高送转方案时，如果个股走势较好，则我们依然有不错的买股机会，下面我们就来看看如何操作白马型的高送转个股。

## 四、如何操作高送转股

操作高送转的个股有两种方案，一是提前判断哪些个股更有可能推出高送转方案，从而提前布局，这需要投资者对个股进行分析，或是有可靠的消息渠道。这种操作方法对于散户投资者来说，命中率较低。二是在上市公司公布高送转预案时，积极地布局。下面我们主要来看看第二种操作方案。

上市公司要实施高送转方案时，都会先推出一个所谓的"高送转预案"，并且会以公告的方式在年报或季报中披露，一般来说，这些预案都能在股东大会上通过，因此，"预案"基本可以等同于"会正式实施"。从公布高送转预案到正式实施高送转方案有较长的一段时间，如果个股在公布高送转预案时，并没有获得主力资金的大幅炒作，则这样的个股就极有可能在公布高送转预案至正式实施高送转方案期间，走出一波高送转行情。

图 10-10 为三一重工（600031）2009 年 3 月 17 日至 2010 年 10 月 21 日期间走势图，此股在 2010 年 8 月 23 日公布半年报时，推出了高送转分配预案："三一重工：2010 年 1~6 月每股收益 1.19 元，每股净资产 3.73 元，净资产收益率 27.73%；实现营业总收入 1694600 万元，同比增长 98.43%，实现净利润 287524 万元，同比增长 162.39%，拟 10 送 11 派 1.3 元"。

很明显，这一高送转分配预案是得益于上市公司业绩的高速增长而同步推出的，此股在 2010 年 8 月 23 日之前的走势平平，并无主力炒作迹象，因此在这一预案推出之前，我们可以积极地参与它，因为这类个股极有可能在预案公布之后走出高送转行情。

图 10-10　三一重工高送转预案推出前后走势图

小提示

　　除了积极参与高送转行情之外，我们还应注意高送转方案实施后的风险所在。如果个股在正式实施高送转方案之后，其前期的涨势较快、累计涨幅较大，则主力就极有可能在高送转正式实施后展开出货操作。从图 10-7 中兵光电 2008 年 8 月至 2009 年 10 月期间走势图中，我们可以看到，其高送转正式实施之后，此股也就停止了原来的上升势头，转而开始长期的盘整震荡走势。

# 第三节　从政策性利好消息中把握题材行情

● 本节要点

1. 政策性利好消息的种类

2. 大盘类政策利好消息解读

3. 区域性政策利好消息实战

4. 行业性政策利好消息实战

● 节前概述

国内股市素有政策市之称，政策性的利好消息既牵引着大盘的走势，也深深地引导着相关的个股走势。一些个股之所以在平淡的市道下出现特立独行的大幅上涨，往往就是因突然性的利好政策所致。本节中，我们就结合政策面的消息来看看如何把握这一类的题材行情。

## 一、政策性利好消息的种类

政策性的利好消息可以分为三种：影响股市整体走向的经济、金融类消息，影响某一类个股的行业政策消息，影响某一类个股的区域政策消息。

"影响股市整体走向的经济、金融类消息"往往会引导、制约着大盘的走向，例如：重大的经济刺激方案、下调印花税等。"影响某一类个股的行业政策消息"往往会对这一行业中的上市公司产生明显影响，如果国家鼓励这一行业发展，并提供资金援助、税收减免等优惠政策，则有助于上市公司高速成长。"影响某一类个股的区域政策消息"体现了国家的区域发展规划，身处这一区域中的上市公司也自然受益良多。

（小提示）

"影响股市整体走向的经济、金融类消息"是我们判断大盘走向的依据，而"影响某一类个股的行业政策消息"、"影响某一类个股的区域政策消息"则是我们参与相关题材行情时所应关注的要点。

## 二、大盘类政策利好消息解读

图 10-11 为上证指数 2008 年 3 月 13 日至 2009 年 2 月 10 日期间走势图，股市在经历了 2008 年的大幅下跌后，之所以能在 2008 年 9 月之后出现筑底走势，这与同期出台的一系列利好政策直接相关。首先是 2008 年 9 月 19 日出台的直接针对股市的三大重磅利好消息："今起证券交易印花税只向出让方征收，国资委支持央企增持或回购上市公司股份，汇金公司将在二级市场自主购入工、中、建三行股票，并从昨日起开始有关市场操作"，而其中的"印花税只向出让方征收"这一消息对股市的影响力度最大，当日大盘全体个股涨停就是对这三大利好消息的直接回应。此外，2008 年 11 月 10 日

前出台的"四万亿经济刺激方案"也对股市产生了明显的利好影响，毕竟，股市是经济变化的晴雨表，正是在此背景下，股市结束了 2008 年的大熊市行情，转而开始震荡筑底。

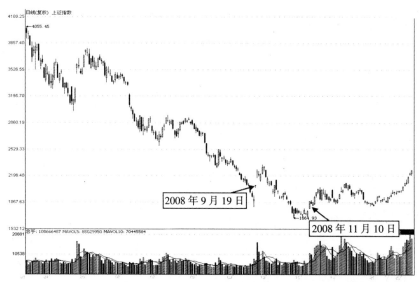

**图 10-11　上证指数 2008 年 3 月 13 日至 2009 年 2 月 10 日走势图**

　　对于大盘类的政策利好消息，我们也要结合股市的整体运行情况来综合分析，如果股市正处于下跌通道中，且累计跌幅不大，则此时出台的利好大盘的政策类消息并无法改变其现有的跌势。

## 三：区域性政策利好消息实战

　　图 10-12 为海南高速（000886）2010 年 1 月 5 日分时图，当日此股强势涨停，其实，此股的这一走势直接与上一日出台的区域性利好政策相关。2010 年 1 月 4 日，国务院发布《国务院关于推进海南国际旅游岛建设发展的若干意见》。至此，海南国际旅游岛建设正式步入正轨。作为国家的重大战略部署，我国将在 2020 年将海南初步建成世界一流海岛休闲度假旅游胜地。

　　这一重大的区域性利好消息必将对身处此地的上市公司创造更好的发展环境，受此消息带动，海南板块次日（2010 年 1 月 5 日）集体高开。海南高速是一只正宗的海南股，且其主营业务使得此股将直接受益于这一政策利好消息。此股前期震荡上扬，当日的涨停板形态使得其涨势加快，在实盘操作中，我们可以及时地追涨买股，因为当日的涨停板可以看做是主力资金有意炒作此股这一热点题材的信号。图 10-13 标示了此股在 2010 年 1 月 5 日前后的走势情况。

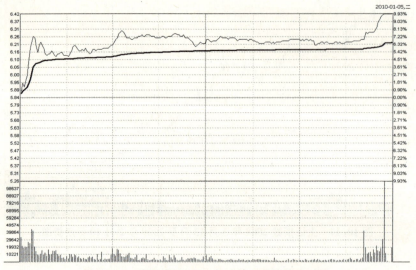

图 10-12　海南高速 2010 年 1 月 5 日涨停分时图

图 10-13　海南高速 2010 年 1 月 5 日前后走势图

小提示

在区域性政策利好消息出台后，总有一些个股因题材面较为正宗、受益度明显而获得主力资金的炒作，从而成为这一波题材行情中的龙头股。在实盘操作中，我们可以结合个股是否有涨停板出现、题材是否正宗、前期累计涨幅是否较小等因素来挖掘这一波题材中的龙头股。因为只有参与同一题材下的龙头股，我们才能获取最高的短线收益。

## 四、行业性政策利好消息实战

图 10-14 为天威保变 2009 年 3 月 26 日分时图，当日此股在尾盘阶段强势涨停，这种走势与当日下午公布的"太阳能屋顶计划"直接相关。2009 年 3 月 26 日下午，财政部、住房和城乡建设部联合下发了《关于加快推进太阳能光电建筑应用的实施意见》及《太阳能光电建筑应用财政补助资金管理暂行办法》，为有效缓解光电产品国内应用不足的问题，在发展初期采取示范工程的方式，实施中国"太阳能屋顶计划"，加快光电在城乡建设领域的推广应用。

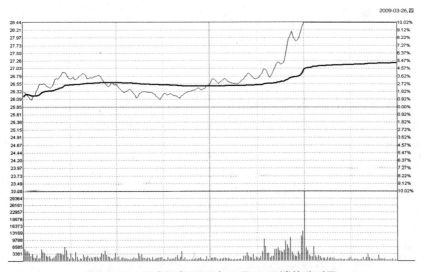

图 10-14　天威保变 2009 年 3 月 26 日涨停分时图

　　这是一则行业性政策利好消息，从事太阳能行业的上市公司将因此受益，此股是一只正宗的题材股，受此消息带动，于收盘前快速涨停。当日此股正处于震荡盘整走势中的突破区，这一涨停使得个股短期突破上行的势头明显，在实盘操作中，我们应及时追涨买股，以分享主力炒作此股题材时大幅拉升所带来的短线高额收益。如图 10-15 标示了此股在 2009 年 3 月 26 日前后的走势情况。

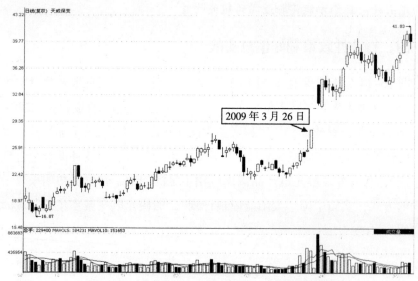

图 10-15　天威保变 2009 年 3 月 26 日前后走势图

小提示

　　在参与行业利好题材股时，我们同样可以依据个股是否有涨停板出现、题材是否正宗、前期累计涨幅是否较小这三个因素来挖掘这一波题材行情中的龙头股。

# 第四节　从庆典活动中把握题材行情

● **本节要点**

1. 庆典活动题材有哪些

2. 庆典活动题材实战

● **节前概述**

　　庆典活动，特别是重大的庆典活动，既是国家的重要事件，也是人民生活中关注的热点。一些上市公司也往往会因与这些庆典活动相关而成为市场中的热点，在主力资金的炒作、投资者的热情追捧下，这些庆典题材股在披着"光环"的同时就有可能出现飙升走势。

## 一、庆典活动题材有哪些

　　重大的庆典活动包括很多种，像重大的运动盛会（奥运会、冬运会、亚运会、世界杯等）、国庆庆典、世博会等，均属于这类范畴。如果某种庆典活动可以引起举国关注，它就可以被称为社会生活中的热点事件，这种事件也极有可能激起股市中的涟漪。下面我们结合实例来看看如何操作庆典题材股。

## 二、庆典活动题材实战

　　图 10-16 为中体产业（600158）2007 年 9 月 14 日至 2008 年 1 月 9 日期间走势图（图中叠加了同期的上证指数走势），此股在 2007 年年末出现了一波快速翻倍的行情，而同期的大盘正处于震荡走低中，此股之所以出现了这种特立独行的上涨行情，正是源于 2008 年即将开幕的北京奥运会。

　　奥运会是全球瞩目的体育盛典，这也是其首度登陆中国，在奥运会召开前后，它可以说是举国关注的焦点，而中体产业又是一只最为正宗的奥运题材股。在这一背景下，主力资金借此股在高位区的一波深幅调整之后，开始

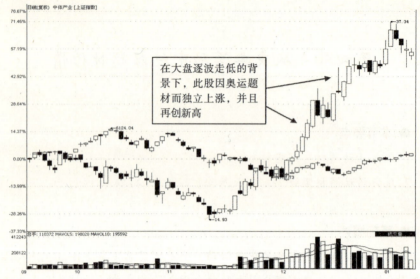

在大盘逐波走低的背景下，此股因奥运题材而独立上涨，并且再创新高

图 10-16　中体产业奥运题材行情走势图

对其展开炒作，此股也以这种快速翻倍的独立行情来迎接即将开幕的奥运盛典。

图 10-17 为申通地铁（600834）2009 年 8 月 31 日至 2010 年 3 月 1 日期间走势图，此股在 2009 年 12 月 21 日以一个涨停板形态突破了前期盘整区，并开始加速上涨，其实，这是源于 2010 年在上海召开的世博会。世博期间

2009 年 12 月 21 日

图 10-17　申通地铁世博会题材走势图

的地铁将运量大增，因此，此股与世博题材相符，成了主力炒作的品种，当然，促成此股暴涨的还有此股一直未断的资产整合传闻。

国庆也是一个重大的庆典活动，在第三章第一节"题材股与冷门股"中，我们讲解了熊猫烟花因六十周年国庆而出现飙升走势，读者可以参见该节。

能够引起举国关注的重大庆典活动并不常见，也许几年才会出现一次。而且，主力在炒作这些庆典题材时，往往都会提前几个月甚至半年以上，而当这些主题盛会真正召开时，这些个股很有可能已步入了主力出货的高位区，这时再买股就极不明智了。正所谓"炒股就是炒预期"，一旦预期成真，个股也就没有炒作价值了，对于题材股，我们最好的操作方案就是在其以涨停板启动时及时追涨买入，此时买股，我们更容易"压中"这一波题材中的龙头股，而且也买在个股翻倍行情的初期。

# 第五节  从疾病疫情中把握题材行情

## ● 本节要点
疾病疫情题材实战

## ● 节前概述
这两年的股市中，疾病疫情题材股往往极易受到主力资金的炒作，无论是 2009 年全国关注的甲型流感疫情，还是 2010 年仅见于国外的超级细菌疫情，无不掀起了股市中的题材炒作热情，基于这些经验，这类题材也应成为我们以后重点关注的对象。

图 10-18 为莱茵生物 (002166) 2009 年 2 月 11 日至 7 月 30 日期间走势图，此股在 2009 年 4 月 27 日以一个涨停板的形态开始启动，随后，经三波

快速飙升，在短短三个月的时间累计涨幅达到了 3 倍之多。促成此股暴涨的就是当时的甲型流感疫情，而此股则是正宗的题材股。

该公司业务中包括从八角中提取制造物——莽草酸，该产品是生产"达菲"的原料。据世界卫生组织资料显示，目前全球只有瑞士罗氏公司能生产抗流感药物——达菲，因此，在国内的上市公司中，此股可以说是甲流题材相对最为正宗的一只个股，莽草酸因为甲型 H1N1 流感的暴发而迅速扩大市场需求，这为莱茵生物带来积极的影响，这也正是主力资金大肆炒作此股、此股出现飙升的原因所在。

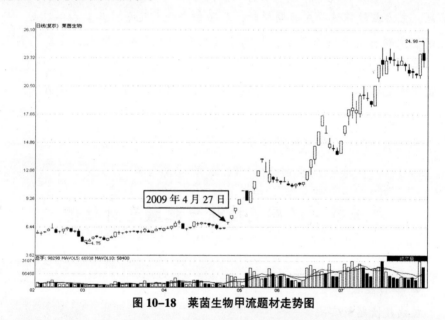

图 10-18　莱茵生物甲流题材走势图

莱茵生物的暴涨走势也带动了其他相关个股纷纷上涨，达安基因即为其中之一，此股因研制成功而出现了暴涨走势，消息在 2009 年 5 月 11 日一经公布，就是连续的五个涨停板，其中前两个为无量涨停，图 10-19 为达安基因（002030）2009 年 2 月 27 日至 6 月 19 日期间走势图。这也充分体现了市场当时对于此题材的追捧程度及主力的炒作热情。

图 10-20 为联环药业（600513）2010 年 5 月 12 日至 9 月 10 日期间走势图，此股自 2010 年 8 月 13 日开始的大幅上涨行情是源于国外出现的超级细菌。

"2010 年 8 月 11 日，英国医学期刊《柳叶刀》刊登的一份研究报告称，研究人员发现了一些具有超级抗药性的细菌，除替加环素和黏菌素以外，这种超级病菌对其他抗生素都具有抗药性，且已经在南亚地区和英国引发多起相关病例。公开资料显示，在国内的上市公司中，黏菌素则由联环药业生产。"

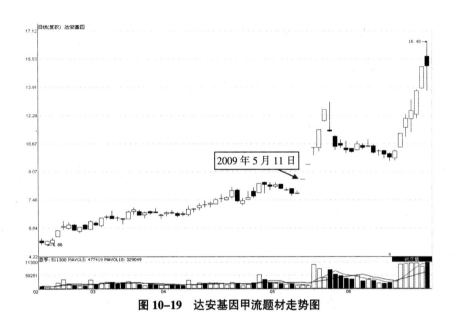

**图 10-19　达安基因甲流题材走势图**

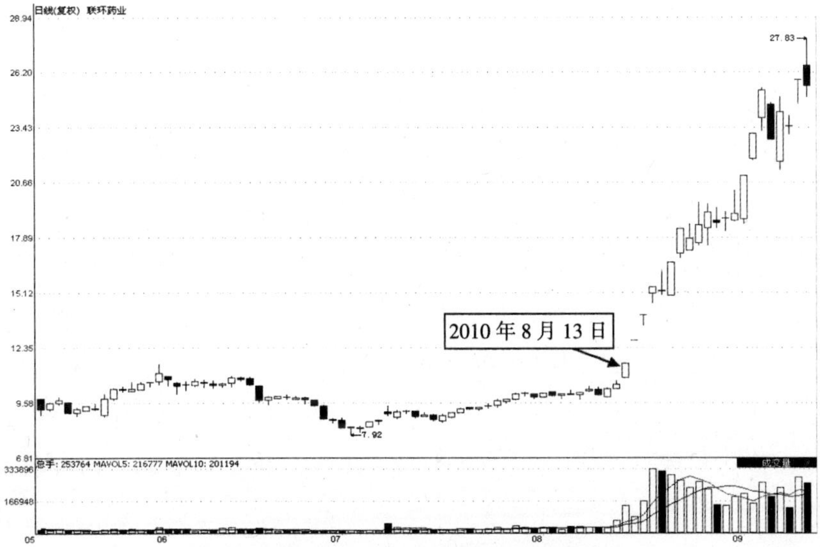

**图 10-20　联环药业超级细菌题材走势图**

这一消息对于上市公司来说并没有明显影响，超级细菌不同于已传播至人群且备受关注的甲型流感病毒。但此股却仍然获得了主力资金的大肆炒作，这也从另外一个角度反映出了这类与病菌、疫情相关的题材股是目前国内股市中主力资金偏爱的品种。

对于这类与疫情、细菌等相关的题材，我们可以从新闻中及时了解到。随后，我们要做的就是观察哪些股票有异动，一旦某个医药类个股有涨停启动的迹象，而此股又正好与这一疫情、细菌题材相关，我们就应及时追涨买入。